JN074529

法人税の最新実務Q&Aシリーズ

のれん・ソフトウェア・研究開発費

第2版

OAG税理士法人 編

中央経済社

第2版にあたって

　新型コロナウイルスのパンデミックによりリモートワーク等が急激に進み，それと共に日本の多くの企業においてデジタル化の遅れが再認識され，大企業のみならず中小企業も DX（Digital transformation）による体制転換を迫られています。また，ICT（Information and Communication Technology）による技術革新は第四次産業革命とも言われるほど急速に社会に浸透し，AI や IoT の活用が企業の成長戦略に欠かせないものとなりつつあります。政府としても，税制改正により試験研究費の税額控除制度に DX や AI，IoT を活用した「サービス開発」を加えることで，企業の成長や事業転換の後押しをしています。

　企業の生産性についても日本の企業は今やそのほとんどの分野において低いとされ，高付加価値のための知財・無体財産権・無形資産（特許権等の法的な権利だけでなく，コンテンツや革新的なビジネスモデル，さらには成長分野を担う多くのスタッフの存在なども含みます）の重要性が叫ばれています。自己創設した無形資産はその獲得・蓄積のつど人件費や各種経費に紛れ込み，財務諸表に明確に計上されないことから，従来の財務分析等では認識や判断が困難ですが，M＆Aやベンチャー企業への投資のための株価においては，成長性等と共にこの無形資産の価値が数字として反映されます。そこで，M＆Aやベンチャー企業の買収等により事業拡大した企業の貸借対照表には無形資産の「のれん」が多く含まれることになり，自社内での企業努力により成長してきた老舗企業には「のれん」があまり計上されないという事態になっています。この「のれん」を資産計上することは従来良しとされず早めの償却が推奨されてきましたが，最近では貸借対照表に占める無形資産が多いほど成長性が高いと判断される傾向もみえます。無形資産の評価は算定方法が複数あり恣意性が高いと考えられていますが，有形資産の財務諸表における計上額が経営等の判断の

ためにどこまで正確なのかも問われ始めています。

　このように，時代の構造変化と共に試験研究の対象となる事象・目的・範囲等も変化し，毎年のように試験研究費の税額控除に関する税制改正がなされています。無形資産に対する認識も変化しつつあります。

　改訂にあたりましても，複雑な試験研究費の税制およびソフトウェアやのれん等の無形資産に関する制度に関し，皆様のお役に立つことができれば幸いです。

　　　令和4年5月

　　　　　　　　　　　　　　　ＯＡＧ税理士法人
　　　　　　　　　　　　　　税理士　平　田　　　実
　　　　　　　　　　　　　　税理士　清　水　かおり

は し が き

　本書は，平成23年11月に初版を発行しましたが，その後 IoT や AI などのイノベーションが飛躍的に推進し，いまや第4次産業革命と銘打って，企業における研究開発力が強く求められています。国際競争力を高めるため，研究開発費への投資に関する減税措置は，ここ数年毎年のように拡大し，サービス開発に係る費用についても，研究開発減税の対象となり，より広範な業種の企業が適用できるようになりました。とはいえ，そのことで試験研究費の税額控除制度は，複雑かつ算定が困難な面も生じています。

　また，より効率的・積極的な企業経営のため，M&A はもちろん，ライバル企業同士が分野を区切って統合したり，事業の一部をスピンオフする等といった組織再編を促進するため，会計制度・税制についても整備・改正されています。買収会社の完全支配下化といったスクイーズアウトのための税制も改正され，税制非適格株式交換や連結納税グループ加入時の自己創設のれんの取扱いが明確となり，時価評価の対象外とされました。とはいえ，実質的な買収等にあたって，のれんや無形資産の価値評価・償却・除却等をめぐる会計制度と税法には，数多くの論点が残っています。

　改訂にあたっても，引き続き，複雑な試験研究費の税制およびソフトウェアやのれん等に関する疑問点を中心に，皆様のお役に立つことができれば幸いです。

平成30年7月

OAG税理士法人

税 理 士　平　田　　　実

税 理 士　清　水　かおり

CONTENTS

第3章 のれん

第4章　無形固定資産

第5章　繰延資産

凡　　例

本書中の法令・通達等は以下の略称を使用しています。

法　法：法人税法（昭和40年法律第34号）
法　令：法人税法施行令（昭和40年政令第97号）
法　規：法人税法施行規則（昭和40年大蔵省令第12号）
所　法：所得税法（昭和40年法律第33号）
所　令：所得税法施行令（昭和40年政令第96号）
所　規：所得税法施行規則（昭和40年大蔵省令第11号）
消　法：消費税法（昭和63年法律第108号）
消　令：消費税法施行令（昭和63年政令第360号）
耐　令：減価償却資産の耐用年数等に関する省令（昭和40年大蔵省令
　　　　第15号）
措　法：租税特別措置法（昭和32年法律第26号）
措　令：租税特別措置法施行令（昭和32年政令第43号）
措　規：租税特別措置法施行規則（昭和32年大蔵省令第15号）
法基通：法人税基本通達（昭和44年5月1日付直審（法）25）
財評通：財産評価基本通達（昭和39年4月25日直資56・直審（資）17）
所基通：所得税基本通達（昭和45年7月1日付直審（所）30）
消基通：消費税法基本通達（平成7年12月25日課消2－25(例規)）
措　通：租税特別措置法関係通達
研究開発会計基準：研究開発費等に係る会計基準
注　解：研究開発費等に係る会計基準注解
実務指針：研究開発費及びソフトウェアの会計処理に関する実務指針

第1章

試験研究費

I　研究開発税制の概要と計算方法

Q1　研究開発税制の概要とその制度構成

　　研究開発税制の概要を教えてください。また，企業規模や研究開発費の取り組み方に応じていくつかの制度が用意されているとも聞きます。その制度構成を教えてください。

A ･･

SUMMARY 〉　研究開発税制は，支出した研究開発費の一定割合を，その法人の法人税額から控除できる制度です。その制度としては3つの制度があり，①「一般試験研究費の額に係る税額控除制度」，②「中小企業技術基盤強化税制」及び③「特別試験研究費の額に係る税額控除制度」から構成されています。

① 「一般試験研究費の額に係る税額控除制度」は，青色申告法人全般が対象となるもので，試験研究費支出額に一定割合（2～14%）を乗じた金額が法人税額から控除される制度です。

② 「中小企業技術基盤強化税制」は，中小企業者等を対象とした制度で，試験研究費支出額に一定割合（12～17%）を乗じた金額が法人税額から控除される制度です。①と②は選択性ですが，中小企業者等に該当すれば，①よりも②が有利になる計算方式になっています。

③ 「特別試験研究費の額に係る税額控除制度」は，研究機関，大学等と共同で行う試験研究費がある場合の制度で，①②とは別枠で，その試験研究費の額の一定割合の金額をその事業年度の法人税額から控除することができる制度です。

Reference 〉　措法42の4

DETAIL 〉

1　研究開発税制の概要

　民間の研究開発投資を後押しすることにより，イノベーション創出につなが

る中長期・革新的な研究開発活動を促し，我が国の成長力・国際競争力を強化することを目的に措置された制度です。民間企業の特性上，短期的な目標達成が優先されがちなところ，そのコストについて本税制を通じて国が一部負担することにより，中長期的な産業の発展・国際競争力の強化を促すものとして期待されています。

（1）　一般試験研究費の額に係る税額控除制度

　この制度は，青色申告法人の各事業年度において，試験研究費の額がある場合に，その試験研究費の額に一定割合を乗じて計算した金額を，その事業年度の法人税額から控除することができる制度です。なお，この制度は，「中小企業技術基盤強化税制」との重複適用は認められません。

（2）　中小企業技術基盤強化税制

　この制度は，中小企業者（適用除外事業者を除きます）又は農業協同組合等である青色申告法人の各事業年度において，試験研究費の額がある場合に，その試験研究費の額に一定割合を乗じて計算した金額を，その事業年度の法人税額から控除することができる制度です。なお，この制度は，（1）との重複適用は認められません。

　この制度の適用対象法人は，青色申告書を提出する中小企業者^(注1)又は農業協同組合等とされています。

　　　（注1）　中小企業者とは，次に掲げる法人をいいます。ただし，中小企業者のうち適用除外事業者（その事業年度開始の日前3年以内に終了した各事業年度の所得金額の年平均額が15億円を超える法人等をいいます）に該当するものは除かれます。

　　　　　①　資本金の額又は出資金の額が1億円以下の法人のうち次に掲げる法人以外の法人

　　　　　　イ　その発行済株式又は出資（自己の株式又は出資を除きます。以下同じです）の総数又は総額の2分の1以上を同一の大規模法人に所有されている法人

ロ　上記イのほか，その発行済株式又は出資の総数又は総額の3分の2以上を複数の大規模法人^(*)に所有されている法人

（＊）　大規模法人とは，次に掲げる法人をいい，中小企業投資育成株式会社を除きます。

⑴　資本金の額又は出資金の額が1億円を超える法人

⑵　資本又は出資を有しない法人のうち常時使用する従業員の数が1,000人を超える法人

⑶　大法人（次に掲げる法人をいいます。以下同じです）との間にその大法人による完全支配関係がある法人

イ　資本金の額又は出資金の額が5億円以上の法人

ロ　相互会社及び外国相互会社のうち，常時使用する従業員の数が1,000人を超える法人

ハ　受託法人

⑷　100％グループ内の複数の大法人に発行済株式又は出資の全部を直接又は間接に保有されている法人（⑶に掲げる法人を除きます）

ハ　受託法人

②　資本又は出資を有しない法人のうち常時使用する従業員の数が1,000人以下の法人（受託法人を除きます）

（3）　特別試験研究費の額に係る税額控除制度（以下，オープンイノベーション型税額控除制度）

この制度は，青色申告法人の各事業年度において特別試験研究費の額がある場合に，上記（1）及び（2）の制度とは別枠でその特別試験研究費の額の一定割合の金額をその事業年度の法人税額から控除することができる制度です。

なお，「オープンイノベーション型税額控除制度」の対象となる特別試験研究費の額は，「一般試験研究費の額に係る税額控除制度」又は「中小企業技術基盤強化税制」の計算の基礎に含めることはできません。

2　研究開発税制の組み合わせ

研究開発税制の重複適用について整理すると，次のとおりです。

　一般措置の場合は,「一般試験研究費の額に係る税額控除制度」+「オープ
ンイノベーション型税額控除制度」の組み合わせが選択可能となっています。
　中小企業者等に該当する場合は,「中小企業技術基盤強化税制」+「オープ
ンイノベーション型税額控除制度」を選択した場合のほうが,税額控除額が大
きくなるため,こちらの組み合わせを選択したほうが有利です。

Q2　研究開発税制による税額控除の上限額とその組み合わせ

　研究開発税制は，支出した研究開発費の一定割合を，その法人の法人税額から控除できる制度と聞きました。また法人税額から控除できる金額については，一定の上限があるそうです。さらに，コロナ禍前との比較で有利な条件もあるようですが，その詳細を教えてください。

A ···

SUMMARY　「一般試験研究費の額に係る税額控除制度」及び「中小企業技術基盤強化税制」については，法人税額の25% 相当額が上限，「オープンイノベーション型税額控除制度」については，法人税額の10% 相当額が上限，というのが原則的な上限額です。それに加えて，売上金額に占める試験研究費の割合等に応じて，それぞれ上乗せ措置が用意されています。その他，試験研究の積極的な法人に対する優遇措置もあり，次の解説にて詳しく説明します。

DETAIL

1　一般試験研究費の額に係る税額控除制度

①　原則　法人税額の25% 相当額

②　コロナ禍前（令和２年２月１日より前に終了する事業年度）と比較し，売上が２% 以上減少しているにもかかわらず，試験研究費を増加させる場合，「一般試験研究費の額に係る税額控除制度」の控除上限を５% 引上げ。

③　平均売上金額（その事業年度及び過去３年の事業年度における売上金額の平均額）に占める試験研究費の割合が10% 超の場合には，控除上限が最大10% 上乗せされる。

2　中小企業技術基盤強化税制

①　原則　法人税額の25% 相当額
②　コロナ禍前（令和 2 年 2 月 1 日より前に終了する事業年度）と比較し，売上が 2 % 以上減少しているにもかかわらず，試験研究費を増加させる場合，「一般試験研究費の額に係る税額控除制度」の控除上限を 5 % 引上げ。
③　(1)　平均売上金額に占める試験研究費割合が10% 超の場合には，控除上限が最大10% 上乗せされる。
　　(2)　中小企業者等で増減試験研究費割合が9.4% 超の場合には，控除上限を10% 上乗せ。
　　※(1)(2)は選択制となっており，令和 4 年度末までの時限措置。

3　オープンイノベーション型税額控除制度

　法人税額の10% 相当額

4　控除上限額の組み合わせイメージ

《本則制度（主に大企業）の場合》		
組み合わせ	上限	要件など
一般型（25～30%）	25～30%	コロナ禍前との売上・試験研究費比較要件により一般型が 5 % 引上げ
一般型（25～30%）＋ OI 型（10%）	35～40%	
一般型（25～30%）＋ OI 型（10%）＋上乗せ（0～10%）	35～40%	平均売上に占める試験研究費割合が10%超の場合
《中小企業等の場合》		
組み合わせ	上限	要件など
中小企業型（25～30%）	25～30%	コロナ禍前との売上・試験研究費比較要件により中小企業型が 5 % 引上げ

中 小 企 業 型（25〜30%）　＋ OI 型（10%）	35〜40%	
中 小 企 業 型（25〜30%）　＋ OI 型（10%）＋上乗せ（0〜10%）	35〜40%	・平均売上に占める試験研究費割合が10%超の場合 ・増減試験研究費割合が9.4%超の場合

※一般型＝一般試験研究費の額に係る税額控除制度
　中小企業型＝中小企業技術基盤強化税制
　OI 型＝オープンイノベーション型税額控除制度

Q3 一般試験研究費の額に係る税額控除制度の計算方法

当社は資本金5億円の3月決算法人ですが，一般試験研究費の額に係る税額控除制度の適用を受けようと思っています。当期（令和4年3月期）の試験研究費は770万円で法人税額は300万円，平成31年3月期から当期までの平均売上金額は1億円です。過去3年間の試験研究費の額は，平成31年3月期は600万円，令和2年3月期は800万円，令和3年3月期は700万円でした。当社で適用を受けることができる特別控除額はいくらになるでしょうか。

A ....

SUMMARY〉 一般試験研究費の額に係る税額控除制度による特別控除額は750,000円となります。

Reference〉 措法42の4①

DETAIL〉

1 一般試験研究費の額に係る税額控除制度の内容

（1） 制度の概要

この制度は，損金の額に算入される試験研究費の額がある場合に，その試験研究費の額に一定割合を乗じて計算した金額を，その事業年度の法人税額から控除することができるものです。なお，この制度は，「中小企業技術基盤強化税制」との重複適用はできません。

（2）適用対象法人

この制度の適用対象法人は青色申告法人です。したがって白色申告法人は適用できません。例えば，グループ全体の研究開発を行うために新しく会社を設立した場合において，青色申告の手続きが遅れてしまったために設立1期目だ

けは白色申告となるときは，一般試験研究費の額に係る税額控除制度を受けることはできませんので，注意してください。

（3）　適用対象年度

この制度の適用対象年度は，次に挙げる事業年度以外の事業年度です。

① 　解散（合併による解散を除きます）の日を含む事業年度

② 　清算中の各事業年度

（4）　試験研究費の額

この制度の対象となる試験研究費の額とは，「製品の製造」「技術の改良，考案若しくは発明」又は「対価を得て提供する新たなサービスの開発」に係る試験研究のために要する原材料費，人件費及び経費のほか，他の者に試験研究を委託するために支払う費用の額をいいます。ただし，試験研究に充てるために他の者から支払を受ける金額がある場合には，その金額を控除した金額が試験研究費の額となります。

（5）　税額控除限度額

この制度による税額控除限度額は，その事業年度の損金の額に算入される試験研究費の額に，次の税額控除割合を乗じて計算した金額となります。ただし，税額控除限度額がその事業年度の法人税額の25％相当額を超える場合は，その25％相当額を限度とします。

その他次に掲げる上乗せ措置が用意されており，前述の25％に相当する金額にそれぞれ次の金額を加算した金額が，その事業年度の税額控除上限額となります。

なお，下記の（イ）と（ロ）又は（ロ）と（ハ）は重複適用できますが，（イ）と（ハ）については重複適用することができません。

（イ）　研究開発を行う一定のベンチャー企業に該当する事業年度

　　上乗せ額＝調整前法人税額×15％

（ロ） 試験研究費割合が10％を超える事業年度

　上乗せ額＝調整前法人税額×｜（試験研究費割合－10％）×2｜（10％を上限）

（ハ） 基準年度比売上金額減少割合が2％以上であり，かつ，試験研究費の額が基準年度試験研究費の額を超える事業年度

　上乗せ額＝調整前法人税額×5％

（6）　税額控除割合

　税額控除割合は，増減試験研究費割合に応じて以下の算式により計算した割合となります。

（算式）

① 増減試験研究費割合　9.4％超の場合

　10.145％＋（増減試験研究費割合－9.4％）×0.35（14％を上限）

② 増減試験研究費割合　マイナス37％以上9.4％以下の場合

　10.145％－（9.4％－増減試験研究費割合）×0.175（2％を下限）

③ 増減試験研究費割合　マイナス37％未満の場合

　2％

④ 当該事業年度が設立事業年度であるとき，又は比較試験研究費の額が零である場合

　8.5％

（注）1　税額控除割合に小数点以下3位未満の端数（％表示にあっては，小数点以下1位未満の端数）があるときは，これを切り捨てます。

　　2　増減試験研究費割合は，次の算式によって計算した割合となります。

（算式）

$$増減試験研究費割合 = \frac{増減試験研究費の額（試験研究費の額－比較試験研究費の額）}{比較試験研究費の額}$$

　　3　比較試験研究費とは，前3年以内に開始した各事業年度において，損金の額に算入される試験研究費の額を平均した額をいいます。

（7）　適用要件

　この制度の適用を受けるためには，控除を受ける金額を確定申告書等に記載するとともに，その金額の計算に関する明細書を添付して申告する必要があります。

（8）　その他の留意事項

　中小企業者又は農業協同組合等以外の法人が，平成30年4月1日から令和6年3月31日までの間に開始する各事業年度において次の要件のいずれにも該当しない場合（その事業年度の所得金額が前事業年度の所得金額以下である場合を除きます）には，本制度は適用できません。

① 　継続雇用者給与等支給額[注1]　＞　継続雇用者比較給与等支給額[注2]

② 　国内設備投資額[注3]　＞　当期償却費総額[注4]　×　30％

（注1） 　継続雇用者給与等支給額とは，法人の適用年度及び前事業年度の期間内の各月においてその法人の給与等の支給を受けた国内雇用者（雇用保険法の一般被保険者に限られ，高年齢者等の雇用の安定等に関する法律の継続雇用制度の対象者を除くこととされています。以下「継続雇用者」といいます）に対する適用年度の給与等の支給額（その給与等に充てるために他の者から支払を受ける金額がある場合には，その金額を控除した金額になります。以下同じ）をいいます。

（注2） 　継続雇用者比較給与等支給額とは，法人の継続雇用者に対する前事業年度の給与等の支給額をいいます。

（注3） 　国内設備投資額とは，法人が適用年度において取得等をした国内にある法人の事業の用に供する法人税法施行令第13条各号に掲げる資産（時の経過によりその価値の減少しないものは除きます）でその適用年度終了の日において有するものの取得価額の合計額をいいます。

（注4） 　当期償却費総額とは，法人が有する減価償却資産につき適用年度においてその償却費として損金経理をした金額の合計額をいいます。

2　具体的な計算方法

　法人税額の特別控除額は，（1）税額控除限度額と（2）税額基準額のうち，

少ない金額となります。

（1）　税額控除限度額

　税額控除限度額は，下記の算式により計算した金額になります。

> （算式）
> 税額控除限度額＝試験研究費の額×税額控除割合

　貴社の場合，増減試験研究費割合は下記の算式により10%（9.4%超）となります。

> （算式）
>
> 増減試験研究費割合　＝　$\dfrac{\substack{増減試験研究費の額 \\ （試験研究費の額－比較試験研究費の額）}}{比較試験研究費の額}$
>
> ①　$\dfrac{（600万円＋800万円＋700万円）}{3}＝700万円$
>
> ②　$\dfrac{（770万円－700万円）}{700万円}＝0.1$
>
> ③　$0.1＞9.4\%$

　前述のとおり，増減試験研究費割合が9.4%超となるため，税額控除割合は次の算式によって計算した0.103となります。

> （算式）
> 税額控除割合＝10.145%＋（増減試験研究費割合－9.4%）×0.35（14%を上限）
> 税額控除割合＝10.145%＋（10%－9.4%）×0.35＝0.103（小数点以下3位未満を切捨て）

　したがって，税額控除限度額は下記の算式により計算した793,100円になります。

> （算式）
> 税額控除限度額＝試験研究費の額×税額控除割合
> 税額控除限度額＝7,700,000円×0.103＝793,100円

（2） 当期税額基準額

当期税額基準額は，下記の算式により計算した750,000円になります。

> 当期税額基準額＝当期の所得に対する法人税の額×25％
> 当期税額基準額＝3,000,000円×25％＝750,000円

（3） 法人税額の特別控除額

法人税額の特別控除額は，税額控除限度額と当期税額基準額のうち少ない金額となります。（1）税額控除限度額793,100円と（2）当期税額基準額750,000円を比較すると（2）税額基準額のほうが少ないため，法人税額の特別控除額は750,000円となります。

なお，別表六（八）に記載する際，下記の点に留意してください。

欄	項目	誤った記載例
1	試験研究費の額	申告調整額（税務調査によるものを含む）を加減算した税務上の金額となっていない。また，他の者から支払を受けた試験研究費に充当する収入金額を控除していない。

一般試験研究費に係る法人税額の特別控除に関する明細書

事業年度	3・4・1 4・3・31	法人名	株式会社オーエージー

別表六(八) 令三・四・一以後終了事業年度分

特定税額控除規定の適用可否 (別表六(七)「3」、「7」若しくは「10」の要件のいずれかに該当する場合又は中小企業者若しくは農業協同組合等である場合)	否	可

区分	項目	番号	金額
	試験研究費の額	1	7,700,000円
控除対象試験研究費の額の計算	同上のうち特別試験研究費以外の額	2	7,700,000
	(1)のうち一般試験研究費に係る税額控除の対象とする特別試験研究費の額	3	0
	控除対象試験研究費の額 (2)＋(3)	4	7,700,000
増減試験研究費割合の計算	比較試験研究費の額 (別表六(十)「5」)	5	7,000,000
	増減試験研究費の額 (1)－(5)	6	700,000
	増減試験研究費割合 $\frac{(6)}{(5)}$	7	0.1000
試験研究費割合の計算	平均売上金額 (別表六(十)「10」)	8	100,000,000円
	試験研究費割合 $\frac{(1)}{(8)}$	9	0.0770
税額控除割合の計算	(5)＝0の場合又は設立事業年度の場合	10	0.085
	(9)＞10％の場合の控除割増率 $((9)-\frac{10}{100})\times 0.5$ (0.1を超える場合は0.1)	11	
令和3年4月1日前に開始した事業年度の場合	(7)＞8％の場合 $\frac{9.9}{100}+((7)-\frac{8}{100})\times 0.3$	12	
	(7)≦8％の場合 $\frac{9.9}{100}-(\frac{8}{100}-(7))\times 0.175$ (0.06未満の場合は0.06)	13	
	税額控除割合 ((10)、(12)又は(13))＋((10)、(12)又は(13))×(11) (小数点以下3位未満切捨て) (0.14を超える場合は0.14)	14	
税額控除割合の計算 令和3年4月1日以後に開始する事業年度の場合	(7)＞9.4％かつ令和5年3月31日以前に開始する事業年度の場合 $\frac{10.145}{100}+((7)-\frac{9.4}{100})\times 0.35$	15	0.10355
	(10)及び(15)以外の場合 $\frac{10.145}{100}-(\frac{9.4}{100}-(7))\times 0.175$ (0.02未満の場合は0.02)	16	
	税額控除割合 ((10)、(15)又は(16))＋((10)、(15)又は(16))×(11) (小数点以下3位未満切捨て) (0.1又は0.14を超える場合は0.1又は0.14)	17	0.103
	税額控除限度額 (4)×((14)又は(17))	18	793,100円
	調整前法人税額 (別表一「2」又は別表一の三「2」若しくは「14」)	19	3,000,000
当期税額基準額の計算 令和5年3月31日以前に開始する事業年度の場合	(9)＞10％の場合の特例加算割合 $((9)-\frac{10}{100})\times 2$ (小数点以下3位未満切捨て) (0.1を超える場合は0.1)	20	
	基準年度比売上金額減少割合≧2％の場合の特例加算割合 (別表六(十一)「11」)	21	
	当期税額基準額 (19)×(0.25＋(20)＋(21))	22	750,000円
	当期税額控除可能額 ((18)と(22)のうち少ない金額)	23	750,000
	調整前法人税額超過構成額 (別表六(六)「7の①」)	24	
	法人税額の特別控除額 (23)－(24)	25	750,000

試験研究を行った場合の法人税額の特別控除における比較試験研究費の額及び平均売上金額の計算に関する明細書

事 業 年 度	3 ・ 4 ・ 1 4 ・ 3 ・ 31	法人名	株式会社オーエージー

比 較 試 験 研 究 費 の 額 の 計 算

事 業 年 度 又 は 連 結 事 業 年 度		試 験 研 究 費 の 額	当期の月数 (1)の事業年度又は 連結事業年度の月数	改定試験研究費の額 (2)×(3)
	1	2	3	4
調整対象年度	平30 ・ 4 ・ 1 平31 ・ 3 ・ 31	6,000,000 円	$\dfrac{12}{12}$	6,000,000 円
	・ ・ ・ ・			
	平31 ・ 4 ・ 1 令2 ・ 3 ・ 31	8,000,000	$\dfrac{12}{12}$	8,000,000
	・ ・ ・ ・			
	令2 ・ 4 ・ 1 令3 ・ 3 ・ 31	7,000,000	$\dfrac{12}{12}$	7,000,000
	・ ・ ・ ・			
計				21,000,000
比 較 試 験 研 究 費 の 額 (4の計)÷(調整対象年度数)		5		7,000,000 円

平 均 売 上 金 額 の 計 算

事 業 年 度 又 は 連 結 事 業 年 度		売 上 金 額	当期の月数 (6)の事業年度又は 連結事業年度の月数	改 定 売 上 金 額 (7)×(8)
	6	7	8	9
売上調整年度	平30 ・ 4 ・ 1 平31 ・ 3 ・ 31	100,000,000 円	$\dfrac{12}{12}$	100,000,000 円
	・ ・ ・ ・			
	平31 ・ 4 ・ 1 令2 ・ 3 ・ 31	100,000,000	$\dfrac{12}{12}$	100,000,000
	・ ・ ・ ・			
	令2 ・ 4 ・ 1 令3 ・ 3 ・ 31	100,000,000	$\dfrac{12}{12}$	100,000,000
	・ ・ ・ ・			
当期				100,000,000
計				400,000,000
平 均 売 上 金 額 (9の計)÷(1＋売上調整年度数)		10		100,000,000 円

18

Q4 一般試験研究費の額に係る税額控除制度の計算方法（上乗せ措置がある場合）

　一般試験研究費の額に係る税額控除制度には，その適用事業年度の試験研究費割合に応じて上乗せ措置があると聞きました。**Q3**の設例において，当期（令和4年3月期）の試験研究費が1,400万円であった場合，当社で適用を受けることができる特別控除額はいくらになるのでしょうか。試験研究費以外の数値については，前問同様とします。

A ···

SUMMARY〉　一般試験研究費の額に係る税額控除制度による特別控除額は990,000円となります。

Reference　措法42の4

DETAIL〉

1　一般試験研究費の額に係る税額控除制度の内容（上乗せ措置）

（1）　制度の概要

　試験研究費割合が10%超の事業年度については，その税額控除割合及び税額控除限度額の双方において上乗せ措置が用意されています。

（2）　税額控除割合の上乗せ措置

　試験研究費割合が10%超の場合には，次の割合が税額控除割合に上乗せされます。

　上乗せ控除率＝（試験研究費割合－10%）×0.5（上限最大10%上乗せ）

（3）　税額控除限度額の上乗せ措置

　試験研究費割合が10%超の場合には，次の割合が税額控除限度額に上乗せされます。

　上乗せ税額控除限度額＝（試験研究費割合－10%）×2（上限最大10%上乗せ）

（4）　適用要件

　この制度の適用を受けるためには，控除を受ける金額を確定申告書等に記載するとともに，その金額の計算に関する明細書を添付して申告する必要があります。

（5）　その他の留意事項

　中小企業者又は農業協同組合等以外の法人が，平成30年4月1日から令和6年3月31日までの間に開始する各事業年度において次の要件のいずれにも該当しない場合（その事業年度の所得金額が前事業年度の所得金額以下である場合を除きます）には，本制度は適用できません。

①　継続雇用者給与等支給額[注1]　＞　継続雇用者比較給与等支給額[注2]

②　国内設備投資額[注3]　＞　当期償却費総額[注4]　×　30%

　（注1）～（注4）は13ページ参照。

2　具体的な計算方法

　法人税額の特別控除額は，（1）税額控除限度額と（2）税額基準額のうち，少ない金額となります。

（1）　税額控除限度額

　税額控除限度額は，下記の算式により計算した金額になります。

> （算式）
> 税額控除限度額＝試験研究費の額×税額控除割合

　貴社の場合，増減試験研究費割合は下記の算式により10%（9.4%超）となります。

（算式）

$$増減試験研究費割合 = \frac{増減試験研究費の額（試験研究費の額－比較試験研究費の額）}{比較試験研究費の額}$$

① $\dfrac{(600万円＋800万円＋700万円)}{3} = 700万円$

② $\dfrac{(1,400万円－700万円)}{700万円} = 1.0$

③ $100\% > 9.4\%$

① 通常の税額控除割合

　前述のとおり，増減試験研究費割合が9.4%超となるため，税額控除割合は次の算式によって計算した0.14となります。

（算式）

税額控除割合＝10.145%＋（増減試験研究費割合－9.4%）×0.35（14%を上限）

税額控除割合＝10.145%＋（100%－9.4%）×0.35＝0.418（小数点以下3位未満を切捨て）⇒上限の14%

② 上乗せ分の税額控除割合

　上乗せ分の税額控除割合は次の算式によって計算した0.0028となります。

（算式）

上乗せ税額控除割合＝試験研究費割合×控除割増率

控除割増率（上限割合10%）＝（試験研究費割合－10%）×0.5

上乗せ税額控除割合＝14%×2%＝0.28%

控除割増率＝（14%－10%）×0.5＝2%

③ 本設問において用いる試験研究費割合

　前述の①と②を合わせた割合は14.28%となりますが，14%が上限割合とな

りますので，本設問における税額控除割合は14%となります。

　したがって，税額控除限度額は下記の算式により計算した1,960,000円になります。

> （算式）
> 税額控除限度額＝試験研究費の額×税額控除割合
> 税額控除限度額＝14,000,000円×0.14＝1,960,000円

（2）　当期税額基準額

　当期の税額基準額の計算においても，上乗せ措置が用意されていますので，次の算式により計算した990,000円が当期の税額基準額となります。

①　本問における税額基準額

　下記の算式により計算した990,000円になります。

> （算式）
> 当期税額基準額＝当期の所得に対する法人税の額×33%　　※（25%＋8%）
> 当期税額基準額＝3,000,000円×33%＝990,000円

※通常25%の税額控除限度額割合に加え，試験研究費割合が10%超の場合には，以下の割合が上乗せされます。

> （算式）
> 特例加算割合＝（試験研究費割合－10%）×2（上限最大10%上乗せ）
> 特例加算割合＝（14%－10%）×2＝8%

（3）　法人税額の特別控除額

　法人税額の特別控除額は，税額控除限度額と当期税額基準額のうち少ない金額となります。（1）税額控除限度額1,960,000円と（2）当期税額基準額990,000円を比較すると（2）税額基準額のほうが少ないため，法人税額の特別控除額は990,000円となります。

一般試験研究費に係る法人税額の特別控除に関する明細書

事業年度	3・4・1 4・3・31	法人名	株式会社オーエージー

別表六(八) 令三・四・一以後終了事業年度分

特定税額控除規定の適用可否 (別表六(七)「3」、「7」若しくは「10」の要件のいずれかに該当する場合又は中小企業者若しくは農業協同組合等である場合)	可

	項目	No	金額		項目	No	金額
	試験研究費の額	1	14,000,000 円	税額控除割合の計算（令和3年4月1日以後に開始する事業年度の場合）	(7)>9.4%かつ令和5年3月31日以前に開始する事業年度の場合 $\frac{10.145}{100}+((7)-\frac{9.4}{100})\times0.35$	15	0.41855
控除対象試験研究費の額の計算	同上のうち特別試験研究費以外の額	2	14,000,000		(10)及び(15)以外の場合 $\frac{10.145}{100}-(\frac{9.4}{100}-(7))\times0.175$ (0.02未満の場合は0.02)	16	
	(1)のうち一般試験研究費に係る税額控除の対象とする特別試験研究費の額	3	0		税額控除割合 ((10)、(15)又は(16))+((10)、(15)又は(16))×(11) (小数点以下3位未満切捨て) (0.1又は0.14を超える場合は0.1又は0.14)	17	0.140
	控除対象試験研究費の額 (2)+(3)	4	14,000,000		税額控除限度額 (4)×((14)又は(17))	18	1,960,000 円
増減試験研究費割合の計算	比較試験研究費の額 (別表六(十)「5」)	5	7,000,000		調整前法人税額 (別表一「2」又は別表一の三「2」若しくは「14」)	19	3,000,000
	増減試験研究費の額 (1)-(5)	6	7,000,000	当期税額基準額の計算（令和5年3月31日以前の事業年度の場合）	(9)>10%の場合の特例加算割合 $((9)-\frac{10}{100})\times2$ (小数点以下3位未満切捨て) (0.1を超える場合は0.1)	20	0.080
	増減試験研究費割合 $\frac{(6)}{(5)}$	7	1.0000		基準年度比売上金額減少割合≧2%の場合の特例加算割合 (別表六(十一)「11」)	21	
試験研究費割合の計算	平均売上金額 (別表六(十)「10」)	8	100,000,000 円		当期税額基準額 (19)×(0.25+(20)+(21))	22	990,000 円
	試験研究費割合 $\frac{(1)}{(8)}$	9	0.1400		当期税額控除可能額 ((18)と(22)のうち少ない金額)	23	990,000
税額控除割合の計算（令和3年4月1日前に開始した事業年度の場合）	(5)=0の場合又は設立事業年度の場合	10	0.085		調整前法人税額超過構成額 (別表六(六)「7の①」)	24	
	(9)>10%の場合の控除割増率 $((9)-\frac{10}{100})\times0.5$ (0.1を超える場合は0.1)	11	0.02000		法人税額の特別控除額 (23)-(24)	25	990,000
	(7)>8%の場合 $\frac{9.9}{100}+((7)-\frac{8}{100})\times0.3$	12					
	(7)≦8%の場合 $\frac{9.9}{100}-(\frac{8}{100}-(7))\times0.175$ (0.06未満の場合は0.06)	13					
	税額控除割合 ((10)、(12)又は(13))+((10)、(12)又は(13))×(11) (小数点以下3位未満切捨て) (0.14を超える場合は0.14)	14					

Q5 オープンイノベーション型税額控除制度の計算方法

　当社は私立Ａ大学に委託した特別試験研究があり，当期（令和４年３月期）において1,000万円支出しました。大学と共同して試験研究を行う場合に特別な税額控除があると聞いたのですが，通常の試験研究費の税額控除とどのように異なるのでしょうか。

　当期の特別試験研究以外の試験研究費は500万円で法人税額は300万円，平成31年３月期から当期までの平均売上金額は１億円で，当期の税額控除割合は0.140でした。当社で適用を受けることができる特別控除額はいくらになるでしょうか。また税額控除を受ける場合に特別に必要な手続きはありますか。

A ....

SUMMARY　試験研究費に係る法人税額の特別控除額は1,000,000円となります。また，確定申告書等に所轄大臣の認定書の写し等を添付する必要があります。

　なお，設問を平易にするため，一般制度の税額基準額の上乗せ措置である特例加算割合の計算については省略しています。特例加算割合については**Q4**をご参照ください。

Reference　措法42の４

DETAIL

1　オープンイノベーション型税額控除制度の内容（措法42の４⑦）

（1）　制度の概要

　この制度は，その事業年度において損金の額に算入される試験研究費の額のうちに特別試験研究費の額がある場合に，その特別試験研究費の額の一定割合の金額をその事業年度の法人税額から控除することを認めるものです。

　なお，本制度を活用した試験研究費は，「一般試験研究費の額に係る税額控

除制度」「中小企業技術基盤強化税制」には，活用できません。

（2）　適用対象法人

　この制度の適用対象法人は，青色申告法人です。

（3）　適用対象年度

　この制度の適用対象年度は，次に挙げる事業年度以外の事業年度です。

　①　解散（合併による解散を除きます）の日を含む事業年度

　②　清算中の各事業年度

（4）　特別試験研究費の額等

①　特別試験研究費の内容

　この制度の対象となる特別試験研究費の額とは，試験研究費の額のうち，国の試験研究機関，大学その他の者と共同して行う試験研究，国の試験研究機関，大学その他の者に委託する試験研究，中小企業者からその有する知的財産権の設定又は許諾を受けて行う試験研究，その用途に係る対象者が少数である医薬品に関する試験研究などに係る試験研究費の額をいいます。

　また，研究開発税制の対象となる試験研究費の額とは，製品の製造又は技術の改良，考案若しくは発明に係る試験研究のうち新たな知見を得るため又は利用可能な知見の新たな応用を考案するために要する費用又は対価を得て提供する新たな役務の開発に係る試験研究として一定の原材料費，人件費（専門的知識をもって当該試験研究の業務に専ら従事する者に係るものに限ります）及び経費のほか，他の者に試験研究を委託するために支払う費用の額をいいます。ただし，試験研究に充てるために他の者から支払を受ける金額がある場合には，その金額を控除した金額が試験研究費の額となります。

②　特別試験研究費の税額控除割合

　特別試験研究費の税額控除割合は，特別試験研究費の内容に応じて，次のとおりとなります。

イ　国の試験研究機関，大学等と共同して行う試験研究及び国の試験研究機関，大学等に委託する試験研究……30％

ロ　新事業開拓事業者等成果活用促進事業者と共同して行う試験研究又は，その事業者に委託する試験研究……25％

ハ　上記イ及びロ以外の試験研究……20％

（5）　特別研究税額控除限度額

この制度による特別研究税額控除限度額は，その事業年度の損金の額に算入される特別試験研究費の額に特別試験研究税額控除割合を乗じて計算した金額です。

ただし，特別研究税額控除限度額は，その事業年度の法人税額の10％相当額が限度となります。

（6）　適用要件

この制度の適用を受けるためには，控除を受ける金額を確定申告書等に記載するとともに，その金額の計算に関する明細書を添付して申告する必要があります。

（7）その他の留意事項

中小企業者又は農業協同組合等以外の法人が，平成30年4月1日から令和6年3月31日までの間に開始する各事業年度において次の要件のいずれにも該当しない場合（その事業年度の所得金額が前事業年度の所得金額以下である場合を除きます）には，本制度は適用できません。

①　継続雇用者給与等支給額[注1]　＞　継続雇用者比較給与等支給額[注2]

②　国内設備投資額[注3]　＞　当期償却費総額[注4]　×　30％

（注1）～（注4）は13ページを参照。

2　具体的な計算方法

　　特別試験研究費がある場合の法人税額の特別控除額は，（1）試験研究費の総額に係る法人税額の特別控除額と（2）特別試験研究費の法人税額の特別控除額の合計額となります。SUMMARY に記載のあるとおり，税額控除限度額の上乗せ措置（特例加算割合）については省略しています。

（1）　一般試験研究費の額に係る税額控除制度による法人税額の特別控除額

　　一般試験研究費の額に係る税額控除制度による法人税額の特別控除額は，①税額控除限度額と②当期税額基準額のうち少ない金額となります。

①　税額控除限度額

　　税額控除限度額は，下記の算式により計算した金額になります。

> （算式）
> 税額控除限度額＝試験研究費の額×税額控除割合
> 税額控除限度額＝5,000,000円×0.140＝700,000円

②　当期税額基準額

　　当期税額基準額は，下記の算式により計算した750,000円になります。

> （算式）
> 当期税額基準額＝当期の所得に対する法人税の額×25%
> 当期税額基準額＝3,000,000円×25%＝750,000円

③　一般試験研究費の額に係る税額控除制度による法人税額の特別控除額

　　一般試験研究費の額に係る税額控除制度による法人税額の特別控除額は，税額控除限度額と当期税額基準額のうち少ない金額となります。①税額控除限度額700,000円と②当期税額基準額750,000円を比較すると①税額控除限度額700,000円のほうが少ないため，法人税額の特別控除額は700,000円となります。

（2） 特別試験研究費の法人税額の特別控除額

　特別試験研究費の法人税額の特別控除額は，①特別研究税額控除限度額と②当期税額基準限度額のうち少ない金額となります。

① 特別研究税額控除限度額

　特別研究税額控除限度額は，下記の算式により計算した金額になります。

> （算式）
> 特別研究税額控除限度額＝特別試験研究費の額×特別試験研究費に係る税額控除割合
> 特別研究税額控除限度額＝10,000,000円×30％＝3,000,000円

② 当期税額基準限度額

　当期税額基準限度額は，下記の算式により計算した300,000円になります。

> （算式）
> 当期税額基準限度額＝当期の所得に対する法人税の額×10％
> 当期税額基準限度額＝3,000,000円×10％＝300,000円

③ 特別試験研究費の法人税額の特別控除額

　特別試験研究費の法人税額の特別控除額は，特別研究税額控除限度額と当期税額基準限度額のうち少ない金額となります。①特別研究税額控除限度額3,000,000円と②当期税額基準限度額300,000円を比較すると②当期税額基準限度額300,000円のほうが少ないため，法人税額の特別控除額は300,000円となります。

（3） 法人税額の特別控除額

　特別試験研究費がある場合の法人税額の特別控除額は，（1）一般試験研究費の額に係る税額控除制度による法人税額の特別控除額700,000円と（2）特別試験研究費の法人税額の特別控除額300,000円の合計額1,000,000円となります。

3　申告書の記載例と記載上の留意事項

上記のケースを申告書に記載すると，次のようになります。

なお，別表六（八）に記載する際，下記の点に留意してください。

欄	項目	誤った記載例
1	試験研究費の額	申告調整額（税務調査によるものを含む）を加減算した税務上の金額となっていない。また，他の者から支払を受けた試験研究費に充当する収入金額を控除していない。

一般試験研究費に係る法人税額の特別控除に関する明細書

事業年度	3・4・1 / 4・3・31	法人名	株式会社オーエージー

特定税額控除規定の適用可否 〔別表六(七)「3」、「7」若しくは「10」の要件のいずれかに該当する場合又は中小企業者若しくは農業協同組合等である場合〕		可

試験研究費の額	1	15,000,000 円
同上のうち特別試験研究費以外の額	2	5,000,000
(1)のうち一般試験研究費に係る税額控除の対象とする特別試験研究費の額	3	0
控除対象試験研究費の額 (2)+(3)	4	5,000,000
比較試験研究費の額(別表六(十)「5」)	5	×××
増減試験研究費の額 (1)-(5)	6	×××
増減試験研究費割合 $\frac{(6)}{(5)}$	7	×××
平均売上金額(別表六(十)「10」)	8	××× 円
試験研究費割合 $\frac{(1)}{(8)}$	9	×××
(5)=0の場合又は設立事業年度の場合	10	0.085
(9)>10％の場合の控除割増率 $\left((9)-\frac{10}{100}\right)\times 0.5$ (0.1を超える場合は0.1)	11	×××
令和3年4月1日前に開始した事業年度の場合：(7)>8％の場合 $\frac{9.9}{100}+\left((7)-\frac{8}{100}\right)\times 0.3$	12	
(7)≦8％の場合 $\frac{9.9}{100}-\left(\frac{8}{100}-(7)\right)\times 0.175$ (0.06未満の場合は0.06)	13	
税額控除割合 $((10)、(12)又は(13))+((10)、(12)又は(13))\times(11)$ (小数点以下3位未満切捨て)(0.14を超える場合は0.14)	14	

税額控除割合の計算

令和3年4月1日以後に開始する事業年度の場合：(7)>9.4％かつ令和5年3月31日以前に開始する事業年度の場合 $\frac{10.145}{100}+\left((7)-\frac{9.4}{100}\right)\times 0.35$	15	×××
(10)及び(15)以外の場合 $\frac{10.145}{100}-\left(\frac{9.4}{100}-(7)\right)\times 0.175$ (0.02未満の場合は0.02)	16	
税額控除割合 $((10)、(15)又は(16))+((10)、(15)又は(16))\times(11)$ (小数点以下3位未満切捨て)(0.1又は0.14を超える場合は0.1又は0.14)	17	0.140
税額控除限度額 $(4)\times((14)又は(17))$	18	700,000 円
調整前法人税額(別表一「2」又は別表一の三「2」若しくは「14」)	19	3,000,000
令和5年3月31日以前に開始する事業年度の場合：(9)>10％の場合の特例加算割合 $\left((9)-\frac{10}{100}\right)\times 2$ (小数点以下3位未満切捨て)(0.1を超える場合は0.1)	20	×××
基準年度比売上金額減少割合≧2％の場合の特例加算割合(別表六(十一)「11」)	21	
当期税額基準額 $(19)\times(0.25+(20)+(21))$	22	750,000 円
当期税額控除可能額 ((18)と(22)のうち少ない金額)	23	700,000
調整前法人税額超過構成額(別表六(六)「7の①」)	24	
法人税額の特別控除額 (23)-(24)	25	700,000 円

特別試験研究費に係る法人税額の特別控除に関する明細書	事業年度	3・4・1 4・3・31	法人名	株式会社オーエージー

特 定 税 額 控 除 規 定 の 適 用 可 否 〈別表六(七)「3」、「7」若しくは「10」の要件のいずれかに該当する場合又は中小企業者若しくは農業協同組合等である場合〉			可	
特 別 試 験 研 究 費 の 額 (14の計)	1	円 10,000,000	調 整 前 法 人 税 額 (別表一「2」又は別表一の三「2」若しくは「14」)	7	円 3,000,000
控 除 対 象 済 特 別 試 験 研 究 費 の 額 (別表六(八)「3」)又は(別表六(九)「3」)	2	0	当 期 税 額 基 準 額 $(7) \times \frac{10}{100}$	8	300,000
差 引 対 象 特 別 試 験 研 究 費 の 額 (1) － (2)	3	10,000,000	当 期 税 額 控 除 可 能 額 ((6)と(8)のうち少ない金額)	9	300,000
同上のうち税額控除割合が30%である試験研究に係る特別試験研究費の額 ((3)と(15)のうち少ない金額)	4	10,000,000	調 整 前 法 人 税 額 超 過 構 成 額 (別表六(六)「7の③」)	10	
(3)のうち税額控除割合が25%である試験研究に係る特別試験研究費の額 (((3)－(4))と(16)のうち少ない金額)	5		法 人 税 額 の 特 別 控 除 額 (9) － (10)	11	300,000
特 別 研 究 税 額 控 除 限 度 額 $(4) \times \frac{30}{100} + (5) \times \frac{25}{100} + ((3)-(4)-(5)) \times \frac{20}{100}$	6	3,000,000			

特 別 試 験 研 究 費 の 額 の 明 細		
措法第42条の4第7項各号の該当号	特 別 試 験 研 究 の 内 容	特別試験研究費の額
12	13	14
(第 1 号) ・ 第 2 号 ・ 第 3 号	私立A大学 ××研究	円 10,000,000
第 1 号 ・ 第 2 号 ・ 第 3 号		
第 1 号 ・ 第 2 号 ・ 第 3 号		
第 1 号 ・ 第 2 号 ・ 第 3 号		
計		10,000,000
(14の計)のうち(12)が第1号である試験研究に係る特別試験研究費の額	15	10,000,000
(14の計)のうち(12)が第2号である試験研究に係る特別試験研究費の額	16	

Q6　中小企業技術基盤強化税制の計算方法

当社は資本金１億円の中小企業者です。中小企業技術基盤強化税制の適用を受けようと思っています。当期（令和4年３月期）の試験研究費は440万円で法人税額は200万円です。当社で適用を受けることができる特別控除額はいくらになるでしょうか。

なお，当期における増減試験研究費割合は10％でした。

A ···

SUMMARY　試験研究費に係る法人税額の特別控除額は536,800円となります。

Reference　措法42の4④

DETAIL

1　中小企業技術基盤強化税制の内容

（1）　制度の概要

この制度は，中小企業者等がその事業年度において損金の額に算入する試験研究費の額がある場合に，その試験研究費の額の一定割合の金額をその事業年度の法人税額から控除することを認めるものです。なお，この制度は，「一般試験研究費の額に係る税額控除制度」との重複適用は認められません。

（2）　適用対象法人

この制度は，中小企業者（適用除外事業者を除きます）又は農業協同組合等である青色申告法人の各事業年度において，試験研究費の額がある場合に，その試験研究費の額に一定割合を乗じて計算した金額を，その事業年度の法人税額から控除することを認めるものです。なお，この制度は，一般試験研究費の額に係る税額控除制度との重複適用は認められません。

この制度の適用対象法人は，青色申告書を提出する中小企業者^(注1)又は農

業協同組合等とされています。

(注1)　中小企業者とは，次に掲げる法人をいいます。ただし，中小企業者のうち適用除外事業者（その事業年度開始の日前3年以内に終了した各事業年度の所得金額の年平均額が15億円を超える法人等をいいます）に該当するものは除かれます。

① 資本金の額又は出資金の額が1億円以下の法人のうち次に掲げる法人以外の法人

イ　その発行済株式又は出資（自己の株式又は出資を除きます。以下同じです）の総数又は総額の2分の1以上を同一の大規模法人に所有されている法人

ロ　上記イのほか，その発行済株式又は出資の総数又は総額の3分の2以上を複数の大規模法人(*)に所有されている法人

（＊）　大規模法人とは，次に掲げる法人をいい，中小企業投資育成株式会社を除きます。

⑴　資本金の額又は出資金の額が1億円を超える法人

⑵　資本又は出資を有しない法人のうち常時使用する従業員の数が1,000人を超える法人

⑶　大法人（次に掲げる法人をいいます。以下同じです）との間にその大法人による完全支配関係がある法人

イ　資本金の額又は出資金の額が5億円以上の法人

ロ　相互会社及び外国相互会社のうち，常時使用する従業員の数が1,000人を超える法人

ハ　受託法人

⑷　100％グループ内の複数の大法人に発行済株式又は出資の全部を直接又は間接に保有されている法人（⑶に掲げる法人を除きます）

ハ　受託法人

② 資本又は出資を有しない法人のうち常時使用する従業員の数が1,000人以下の法人（受託法人を除きます）

なお，その会社が中小企業者に該当するかどうかは，その事業年度終了の時の現況によって判定するものとされています（措通42の4(3)-1）。

参考

●農業協同組合等（措法42の4⑧九）

農業協同組合等とは下記の組合等をいいます。

---

① 　農業協同組合
② 　農業協同組合連合会
③ 　中小企業等協同組合
④ 　出資組合である商工組合，商工組合連合会
⑤ 　内航海運組合
⑥ 　内航海運組合連合会
⑦ 　出資組合である生活衛生同業組合
⑧ 　漁業協同組合
⑨ 　漁業協同組合連合会
⑩ 　水産加工業協同組合
⑪ 　水産加工業協同組合連合会
⑫ 　森林組合
⑬ 　森林組合連合会

（3）　適用対象年度

この制度の適用対象年度は，次に掲げる事業年度以外の事業年度です。

① 　「一般試験研究費の額に係る税額控除制度」の適用を受ける事業年度
② 　解散（合併による解散を除きます）の日を含む事業年度
③ 　清算中の各事業年度

（4）　試験研究費の額

　この制度の対象となる試験研究費の額とは，製品の製造又は技術の改良，考案若しくは発明に係る試験研究のために要する一定の費用又は対価を得て提供する新たな役務の開発に係る試験研究としてその試験研究のために要する一定の費用をいいます。ただし，試験研究に充てるために他の者から支払を受ける金額がある場合には，その金額を控除した金額が試験研究費の額となります。

（5）中小企業者等税額控除限度額

　令和3年4月1日から令和5年3月31日までの間に開始する事業年度における中小企業技術基盤強化税制による税額控除限度額は以下の①の税額控除割合となり，税額控除上限額については②に記載の控除上限額となります。

①　税額控除限度額

　税額控除限度額は，試験研究費の額に次の区分に応じてそれぞれ次により計算した税額控除割合（小数点以下3位未満切捨て）を乗じて計算した金額となります。

> （イ）　試験研究費割合が10％以下の場合
> 　　A　下記B以外の場合
> 　　　税額控除割合＝12％
> 　　B　増減試験研究費割合が9.4％を超える場合
> 　　　税額控除割合（17％を上限）＝12％＋ {（増減試験研究費割合−9.4％）
> 　　　×0.35}
> （ロ）　試験研究費割合が10％を超える場合
> 　　　税額控除割合（上限17％）＝（上記（イ）A又はBの割合）＋ {（上記
> 　　　（イ）A又はBの割合）×控除割増率[※]}
> 　　（※）　控除割増率（上限10％）＝（試験研究費割合−10％）×0.5

②　税額控除上限額

　上記の税額控除限度額がその事業年度の調整前法人税額の25％に相当する金額を超える場合には，その25％に相当する金額が税額控除の上限額となります。

　ただし，その事業年度が次に掲げる事業年度に該当する場合には，上記の25％に相当する金額にそれぞれ次の金額を加算した金額が，その事業年度の税額控除上限額となります。

　なお，下記の（イ）と（ハ）又は（ロ）と（ハ）は重複適用できますが，（イ）と（ロ）については重複適用することができません（（イ）が優先適用されます）。

（イ）　増減試験研究費割合が9.4%を超える事業年度
　　上乗せ額＝調整前法人税額×10%
（ロ）　試験研究費割合が10%を超える事業年度
　　上乗せ額＝調整前法人税額× ｛（試験研究費割合－10%）× 2｝ [※]
　　（※）　｛（試験研究費割合－10%）× 2｝ は10%を上限
（ハ）　基準年度比売上金額減少割合が2%以上であり，かつ，試験研究費の
　　額が基準年度試験研究費の額を超える事業年度
　　上乗せ額＝調整前法人税額×5%

（※）基準年度比売上金額減少割合
　　基準年度比売上金額減少割合＝基準事業年度の売上金額－適用事業年度
　　の売上金額／基準事業年度の売上金額
　　基準事業年度とは，令和2年2月1日前に終了した事業年度をいいます。

（6）　適用要件

　この制度の適用を受けるためには，控除を受ける金額を確定申告書等に記載
するとともに，その金額の計算に関する明細書を添付して申告する必要があり
ます。

2　具体的な計算方法

　法人税額の特別控除額は，（1）中小企業者等税額控除限度額と（2）当期
税額基準額のうち，少ない金額となります。

（1）中小企業者等税額控除限度額

　中小企業者等税額控除限度額は，下記の算式により計算した536,800円とな
ります。
　まず，本問の場合には，増減試験研究費割合が10%以下のため，税額控除割
合は以下の算式により計算した割合になります。

> （算式）
> 税額控除割合（17％を上限）＝12％＋｜（増減試験研究費割合－9.4％）×0.35｜
> （小数点以下 3 位未満切捨て）
> 税額控除割合＝12％＋｜（10％－9.4％）×0.35｜＝0.122

次に，その割合を用いて中小企業者等税額控除限度額を計算します。

> （算式）
> 中小企業者等税額控除限度額＝試験研究費の額×税額控除割合（12.2％）
> 中小企業者等税額控除限度額＝4,400,000円×12.2％＝536,800円

（2）当期税額基準額

当期税額基準額は，下記の算式により計算した700,000円になります。

本問の場合には，増減試験研究費割合が9.4％超のため，中小企業者等税額控除限度額は法人税額の35％相当額となります。

> （算式）
> 当期税額基準額＝2,000,000円×35％＝700,000円

（3）法人税額の特別控除額

法人税額の特別控除額は，中小企業者等税額控除限度額と当期税額基準額のうち少ない金額となります。（1）中小企業者等税額控除限度額536,800円のほうが少ないため，法人税額の特別控除額は536,800円となります。

3　申告書の記載例と記載上の留意事項

上記のケースを申告書に記載すると次のようになります。

中小企業者等の試験研究費に係る法人税額の特別控除に関する明細書

| 事業年度 | 3・4・1　4・3・31 | 法人名 | 株式会社オーエージー |

別表六(九)　令三・四・一以後終了事業年度分

項目	番号	金額	項目	番号	金額
試験研究費の額	1	4,400,000 円	中小企業者等税額控除限度額 (4)×((12)又は0.12)	13	536,800 円
控除対象試験研究費の額の計算　同上のうち特別試験研究費以外の額	2	4,400,000	調整前法人税額 (別表一「2」又は別表一の三「2」若しくは「14」)	14	2,000,000
(1)のうち中小企業者等の試験研究費に係る税額控除の対象とする特別試験研究費の額	3	0	当期税額基準額の計算　令和5年3月31日以前に開始する事業年度の場合　(7)>8%又は(7)>9.4%の場合	15	0.35
控除対象試験研究費の額 (2)+(3)	4	4,400,000	(9)>10%の場合の特例加算割合 $((9)-\frac{10}{100})\times2$ (小数点以下3位未満切捨て)(0.1を超える場合は0.1)	16	
増減試験研究費割合の計算　比較試験研究費の額 (別表六(十)「5」)	5	4,000,000	基準年度比売上金額減少割合≧2%の場合の特例加算割合 (別表六(十一)「11」)	17	
増減試験研究費の額 (1)-(5)	6	400,000	当期税額基準額 (14)×(((15)、0.25+(16))又は0.25)+(17))	18	700,000 円
増減試験研究費割合 $\frac{(6)}{(5)}$	7	0.1000	当期税額控除可能額 ((13)と(18)のうち少ない金額)	19	536,800
試験研究費割合の計算　平均売上金額 (別表六(十)「10」)	8	××× 円			
試験研究費割合 $\frac{(1)}{(8)}$	9	×××	調整前法人税額超過構成額 (別表六(六)「7の②」)	20	
税額控除割合の計算　割増前税額控除割合 $\frac{12}{100}+((7)-\frac{8又は9.4}{100})\times(0.3又は0.35)$ (0.12未満の場合、(8)=0の場合又は設立事業年度の場合は0.12)	10	0.12210			
(9)>10%の場合の控除割増率 $((9)-\frac{10}{100})\times0.5$ (0.1を超える場合は0.1)	11		法人税額の特別控除額 (19)-(20)	21	536,800
税額控除割合 (10)+(10)×(11) (小数点以下3位未満切捨て)(0.17を超える場合は0.17)	12	0.122			

なお，別表六（九）に記載する際，下記の点に留意してください。

欄	項目	誤った記載例
1	試験研究費の額	申告調整額（税務調査によるものを含む）を加減算した税務上の金額となっていない。また，他の者から支払を受けた試験研究費に充当する収入金額を控除していない。

II　試験研究費の定義

Q7　研究開発費との違いと試験研究費の集計方法

　当社は多額の試験研究費があるため，税額控除の適用を受けようと考え
ているのですが，税額控除の対象となる試験研究費は会計上計上している
研究開発費とは範囲が異なるのでしょうか。また，税額控除の対象となる
試験研究費は実務上どのように集計すればよいでしょうか。

A ···

SUMMARY　企業会計上の研究開発費には事務能率の改善に係る費用などが含ま
れますが，税額控除の対象となる試験研究費は，製造や技術の改良等に関連するも
の又は対価を得て提供する新たな役務の開発に係るものに限られています。また，
税額控除の対象となる試験研究費は，試験研究がどの段階のものかは関係ありませ
ん。企業会計において研究開発費として一時の費用となる基礎研究や応用研究だけ
でなく，資産計上することとなる工業化研究も税額控除の対象となる試験研究費に
該当します。さらに，企業会計上の研究開発費では既存の製品等の改良は著しいも
のに限定されていますが，税務上はそのような限定はありません。

　税額控除の対象となる試験研究費は，会計システムにおいて研究部門の部門コー
ドがある場合には，この部門コードに基づき試験研究費を集計し，一定の調整をし
ている会社が多いようです。

Reference　措法42の4⑧一，措令27の4②③

DETAIL

1　会計上の定義

　企業会計上，研究とは，「新しい知識の発見を目的とした計画的な調査及び
探究」であり，開発とは，「新しい製品・サービス・生産方法についての計画

若しくは設計又は既存の製品等を著しく改良するための計画若しくは設計とし
て，研究の成果その他の知識を具体化すること」とされています（研究開発会
計基準一1）。さらに，実務指針において，研究・開発の典型例として以下の
ものを挙げています（実務指針2）。

（1）　研究・開発の典型例
①　従来にはない製品，サービスに関する発想を導き出すための調査・探究
②　新しい知識の調査・探究の結果を受け，製品化又は業務化等を行うため
　　の活動
③　従来の製品に比較して著しい違いを作り出す製造方法の具体化
④　従来と異なる原材料の使用方法又は部品の製造方法の具体化
⑤　既存の製品，部品に係る従来と異なる使用方法の具体化
⑥　工具，治具，金型等について，従来と異なる使用方法の具体化
⑦　新製品の試作品の設計・製作及び実験
⑧　商業生産化するために行うパイロットプラントの設計，建設等の計画
⑨　取得した特許を基にして販売可能な製品を製造するための技術的活動

また，反対に研究・開発に含まれない典型例としては，以下のものを挙げて
います（実務指針26）。

（2）　研究・開発に含まれない典型例
①　製品を量産化するための試作
②　品質管理活動や完成品の製品検査に関する活動
③　仕損品の手直し，再加工など
④　製品の品質改良，製造工程における改善活動
⑤　既存製品の不具合などの修正に係る設計変更及び仕様変更
⑥　客先の要望等による設計変更や仕様変更
⑦　通常の製造工程の維持活動

⑧　機械設備の移転や製造ラインの変更

⑨　特許権や実用新案権の出願などの費用

⑩　外国などからの技術導入により製品を製造することに関する活動

2　税務上の定義

　試験研究を行った場合の法人税額の特別控除の対象になる試験研究費の額とは，製品の製造又は技術の改良，考案若しくは発明に係る試験研究のために要する一定の費用又は対価を得て提供する新たな役務の開発に係る試験研究（以下「新サービス研究」といいます）として次に掲げるものの全てが行われる場合のその試験研究のために要する一定の費用^(注1)をいいます。ただし，試験研究に充てるために他の者から支払を受ける金額がある場合には，その金額を控除した金額が試験研究費の額となります。

(1)　大量の情報を収集する機能を有し，その機能の全部又は主要な部分が自動化されている機器又は技術を用いて行われる情報の収集又はその方法によって収集された情報の取得

(2)　その収集により蓄積された情報について，一定の法則を発見するために，情報解析専門家により専ら情報の解析を行う機能を有するソフトウェアを用いて行われる分析

(3)　その分析により発見された法則を利用した新サービスの設計

(4)　その発見された法則が予測と結果の一致度が高い等妥当であると認められるものであること及びその発見された法則を利用した新サービスがその目的に照らして適当であると認められるものであることの確認

　　(注1)　上記の「一定の費用」とは，次の費用をいいます。

　　　(1)　製品の製造又は技術の改良，考案若しくは発明に係る試験研究のために要する一定の費用

　　　　イ　その試験研究を行うために要する原材料費，人件費（専門的知識をもって当該試験研究の業務に専ら従事する者に係るものに限ります）及び経費

ロ　他の者に委託をして試験研究を行う当該法人（人格のない社団等を含みます）の当該試験研究のために当該委託を受けた者に対して支払う費用

ハ　技術研究組合法第9条第1項の規定により賦課される費用

(2)　新サービス研究^(*)のために要する費用

イ　その試験研究を行うために要する原材料費，人件費（情報解析専門家でその試験研究の業務に専ら従事する者に係るものに限ります）及び経費（外注費にあっては，これらの原材料費及び人件費に相当する部分並びにその試験研究を行うために要する経費に相当する部分（外注費に相当する部分を除きます）に限ります）

ロ　他の者に委託をして試験研究を行うその法人のその試験研究のためにその委託を受けた者に対して支払う費用（イの原材料費，人件費及び経費に相当する部分に限ります）

＊　新サービス研究に係る試験研究費は，平成29年4月1日以後に開始する事業年度分から対象となります。

　なお，試験研究費には，基礎研究，応用研究，開発・工業化研究という段階がありますが，対象となる試験研究費は試験研究がどの段階のものかは関係ありません。つまり一時の費用となる基礎研究や応用研究であっても，資産計上することとなる工業化研究であっても，すべて対象になります。

参考

●基礎研究，応用研究，工業化研究の定義（旧昭和28年直法1-136通達）

① 基礎研究

　自然現象に関する実験等によって法則を決定するための研究をいう。

② 応用研究

　基礎研究の結果を具体的な物質，方法等に実際に応用して工業化の資料を作成するための研究をいう。

③ 工業化研究

　基礎研究及び応用研究を基礎として工業化又は量産化をするための研究をいう。

　また，上記のような工学的・自然科学的な試験研究であれば，新製品や新技

術に限らず，現に生産中の製品の製造や既存の技術の改良等のためのものも対象になります。ただし，「製品の製造」や「技術の改良，考案若しくは発明」に該当しない人文・社会科学関係の研究は対象になりません。

　租税特別措置法関係通達42の4(1)-2において，試験研究に含まれないものとして，次のような活動が例示されています。

---

(1)　人文科学及び社会科学に係る活動
(2)　リバースエンジニアリング（既に実用化されている製品又は技術の構造や仕組み等に係る情報を自社の製品又は技術にそのまま活用することのみを目的として，当該情報を解析することをいう。）その他の単なる模倣を目的とする活動
(3)　事務員による事務処理手順の変更若しくは簡素化又は部署編成の変更
(4)　既存のマーケティング手法若しくは販売手法の導入等の販売技術若しくは販売方法の改良又は販路の開拓
(5)　単なる製品のデザインの考案
(6)　製品に特定の表示をするための許可申請のために行うデータ集積等の臨床実験
(7)　完成品の販売のために行うマーケティング調査又は消費者アンケートの収集
(8)　既存の財務分析又は在庫管理の方法の導入
(9)　既存製品の品質管理，完成品の製品検査，環境管理
(10)　生産調整のために行う機械設備の移転又は製造ラインの配置転換
(11)　生産方法，量産方法が技術的に確立している製品を量産化するための試作
(12)　特許の出願及び訴訟に関する事務手続
(13)　地質，海洋又は天体等の調査又は探査に係る一般的な情報の収集
(14)　製品マスター完成後の市場販売目的のソフトウエアに係るプログラムの機能上の障害の除去等の機能維持に係る活動
(15)　ソフトウエア開発に係るシステム運用管理，ユーザードキュメントの作成，ユーザーサポート及びソフトウエアと明確に区分されるコンテンツの制作

3　試験研究費の集計

　税額控除の対象となる試験研究費は，試験研究費という勘定科目で会計処理されているものに限りません。会計システムにおいて研究部門の部門コードが

ある場合には，この部門コードに基づき会計上の技術研究費を集計し，人件費の調整，製造原価に含まれる試験研究費の調整，申告調整による加減算，補助金・助成金などの調整をして試験研究費を算出している会社が多いようです。

① 　人件費の調整

　人事担当者から研究部門の事務職員の人件費のデータを入手し，これを控除します。事務職員は具体的には研究者の経費や人件費の集計などを行っていることが多く，専門的知識を持っているとはみられないため，その人件費は試験研究費から除く必要があります。また，研究部門の管理者が専門的知識をもって直接従事していない場合も同様です。一方，研究業務の兼務者などのように他の部署で要件（専門的知識をもって専ら試験研究の業務に従事していること）を満たすものがあれば，その人件費は含めます。

② 　製造原価に含まれる試験研究費の調整

　製造部門への技術支援のための工業化研究のうち，新しい製品や技術に関する開発研究は技術研究費に振替処理され，既存の製品や技術に関する通常の研究は，製造原価に算入されることが多いと思います。したがって，製造部門などで発生した試験研究費のうち，原価に算入されているものは，研究部門のコードで処理されていないため，試験研究費に加算することとなります。

③ 　申告調整による加減算

　法人税の所得金額の計算上，税務調整を行った項目のうち試験研究費に係る役員賞与・過大役員報酬，賞与引当金・退職給付引当金の繰入額，試験研究用資産の減価償却超過額・認容額，交際費等の損金不算入額，貯蔵品の計上もれ額・認容額などがあった場合には，損金算入したもののみが対象となるので，控除等をする必要があります。

④ 　補助金・助成金などの調整

　国等から受ける補助金等や受託研究による試験研究を行った場合の委託者から受ける助成金等は試験研究費から控除する必要があります。

Q8　試験研究費と除却損・譲渡損

当社では当事業年度に試験研究用固定資産の除却を行いました。試験研究用固定資産に係る減価償却費は試験研究費になるようですが，除却損についても試験研究費に含まれるのでしょうか。また，平成19年度税制改正に伴う償却可能限度額１円までの５年均等償却を行う資産があるのですが，これらの償却費は試験研究費に含まれるのでしょうか。

A ………………………………………………………………………………………

SUMMARY　試験研究用固定資産の除却損のうち，災害，研究項目の廃止等に基づき臨時的，偶発的に発生するものは試験研究費に含まれません。一方，平成19年度税制改正に伴う償却可能限度額１円までの５年均等の償却費は試験研究費に含まれます。

(Reference)　措通42の４(2)－5

DETAIL

除売却に伴う除却損や譲渡損は償却不足額の一時償却であるため，減価償却費と同様，試験研究費に該当するのではないかと思いがちです。しかし，この税額控除制度が各事業年度の試験研究費を比較することを基礎として構成されているため，経常的に生じた費用ではなく，臨時的，偶発的な費用や損失は含めるべきではないとされています。なお，試験研究の継続過程において通常行われる取替更新に基づくものは，継続性の観点から試験研究費に含まれます（措通42の４(2)－5）。

●租税特別措置法関係通達42の４(2)－5　試験研究用固定資産の除却損等

試験研究用固定資産の除却損又は譲渡損のうち，災害，研究項目の廃止等に基づき臨時的，偶発的に発生するものは試験研究費の額に含まれないのであるが，試験研究の継続過程において通常行われる取替更新に基づくものは試験研究費の額に含まれる。

　また，平成19年度税制改正に伴い，平成19年4月1日以後に取得し，事業の用に供する試験研究用減価償却資産については，250％定率法等の新たな償却方法に基づいて償却費を計算することになり，その影響により，償却費が増加し，税額控除額も増加するケースがありました。なお，上記250％定率法については，平成24年度の税制改正で200％定率法等に変更になっています。一方，平成19年3月31日以前に取得した減価償却資産で，償却可能限度額（取得価額の95％）に達したものについても，5年間にわたり償却可能限度額1円まで償却することができることとなっています。この5年均等償却については，償却処理が完了してから相当期間が経過している資産もあるため，経常的に発生する償却費とはいえないのではないかという疑問も生じます。しかし，これについては上記のような特段の定めがないこと等から，損金算入されている限り，償却費を試験研究費に含めて税額控除を適用しても特段の問題は生じないものと考えられます。

Q9 国庫補助金と試験研究費

　当社は試験研究用減価償却資産を取得するために国庫補助金として1,200万円の交付を受けました。その事業年度でその目的資産を取得し，①国庫補助金相当額の圧縮記帳を行った場合，②1,000万円しか圧縮記帳を行わなかった場合には，それぞれ試験研究費の額にどのような影響を及ぼすでしょうか。

A ···

SUMMARY　①の場合は試験研究費の額に影響はありません。一方，②の場合は試験研究費の額が200万円減少することになります。

Reference　措法42の4⑧，措通42の4(2)－1

DETAIL

　国等からの補助金が圧縮記帳の対象となる場合において，その補助金により，その補助目的である試験研究用の資産の取得又は改良をしたときは，圧縮額はその事業年度の損金の額に算入されます。一方，税額控除の対象となる試験研究費は，試験研究費に充てるため他の者から支払を受ける金額がある場合には，その金額を控除した金額とされています（措法42の4①）。ただし，上記の圧縮記帳による損金算入額は試験研究費の額に加算されることになります（措通42の4(1)－1（注）2）。

　したがって，本問①の場合には，補助金1,200万円は他の者から支払を受ける金額として試験研究費の額から控除するとともに，その圧縮記帳による損金算入額1,200万円を試験研究費の額に加算することになり，結果的に試験研究費の額に影響はありません。

　圧縮記帳を圧縮限度額まで行わなかった場合や全く行わなかった場合には，試験研究費の額が減少することになります。本問②の場合には，補助金1,200万円を試験研究費の額から控除するものの，加算額は圧縮記帳による損金算入

額1,000万円のみであるため，結果的に試験研究費の額が200万円（1,200万円－1,000万円）減少することになります。

　なお，国庫補助金等につき，その交付を受けた事業年度末までに返還を要しないことが確定しない場合において，特別勘定として経理したときは，その特別勘定として経理した国庫補助金の額は，仮受金としての性格を有しますので，他の者から支払を受ける金額には含まれず，試験研究費の額から控除する必要はありません（措通42の4⑵-1（注）1）。その後返還すべきこと又は返還を要しないことが確定した場合には，その確定した日の属する事業年度において，これを取り崩して益金の額に算入しなければなりません（法法43②）。この場合において，返還すべきことが確定したことによる益金算入額は試験研究費の額に加減算しません。一方，返還を要しないことが確定したことによる益金算入額は他の者から支払を受ける金額として控除し，圧縮記帳を行ったときはその損金算入額を試験研究費の額に加算することになります（措通42の4⑵-1（注））。

●租税特別措置法関係通達42の4⑵-1　他の者から支払を受ける金額の範囲

　措置法第42条の4の規定の適用上，同条第8項第1号に規定する試験研究費の額（以下「試験研究費の額」という。）の計算上控除される同号の「他の者……から支払を受ける金額」には，次に掲げる金額を含むものとする。
⑴　国等からその試験研究費の額に係る費用に充てるため交付を受けた補助金（法第42条第1項に規定する国庫補助金等を含む。）の額
⑵　国立研究開発法人科学技術振興機構と締結した新技術開発委託契約に定めるところにより，同機構から返済義務の免除を受けた開発費の額（当該免除とともに金銭の支払をした場合には支払った金銭を控除した額）から引渡した物件の帳簿価額を控除した金額
⑶　委託研究費の額
（注） 1　国庫補助金等の額を法第43条第1項に規定する特別勘定を設ける方法により経理した場合又は同条第6項に規定する期中特別勘定を設けた場合には，当該国庫補助金等の額は，これらの項の規定の適用を受ける事業年度においては「他の者から支払を受ける金額」には含めないものとし，同

条第3項の規定により益金の額に算入する日を含む事業年度において，当
該益金の額に算入する金額（当該事業年度において返還すべきことが確定
したことにより益金の額に算入する金額を除く。）を「他の者から支払を
受ける金額」に含める。

2　法第42条第1項若しくは第5項又は第44条第1項若しくは第4項の規
定により試験研究用の固定資産につき損金の額に算入した金額は，その損
金の額に算入した日を含む事業年度の試験研究費の額に含める。

（令3年課法2 -21「四」により改正）

Q10　試験研究費に含まれる人件費の範囲

　試験研究費に含まれる人件費は，専門的知識をもって専ら従事する者に係るものをいうようですが，どこまで認められるのでしょうか。例えば80％程度従事していればよいでしょうか。また，人件費のうち，社内基準に従って配賦される共通費用については，上記の「専ら」には該当しないのでしょうか。

A ··

SUMMARY　80％などといった基準はなく，「専ら」とあるのみで原則100％です。また，社内基準で配賦した人件費は間接費であるため，製造間接費の配賦と異なり対象となりません。ただし，下記のすべてを満たす場合には要件を満たすものとされています。

　①　専門的知識をもって担当する業務が行われる期間は専属的に従事すること
　②　担当者の業務や専門的知識がその試験研究に不可欠であること
　③　従事期間が通算しておおむね１ヵ月（実働20日程度）以上あること
　④　従事状況が明確に区分され，人件費が適正に計算されていること

Reference　措法42の４⑧一，措令27の４④

DETAIL

　税額控除の対象となる試験研究費の額は，製品の製造又は技術の改良，考案，発明若しくは「新サービス研究」に係る試験研究のために要する費用で政令で定めるものとされています（措法42の４⑧一）。

●租税特別措置法施行令27条の４第２項・３項・４項

　2　法第42条の４第８項第１号イ(1)に規定する政令で定めるものは，同号イ(1)に規定する費用で次に掲げるものとする。

　一　その試験研究を行うために要する原材料費，人件費（専門的知識をもつて
　　当該試験研究の業務に専ら従事する者に係るものに限る。）及び経費
　二　他の者に委託をして試験研究を行う当該法人（人格のない社団等を含む。
　　以下この章において同じ。）の当該試験研究のために当該委託を受けた者に
　　対して支払う費用
　三　技術研究組合法第9条第1項の規定により賦課される費用
3　法第42条の4第8項第1号イ(2)に規定する政令で定める試験研究は，対価を
　得て提供する新たな役務の開発を目的として次の各号に掲げるものの全てが行
　われる場合における当該各号に掲げるものとする。
　一　大量の情報を収集する機能を有し，その機能の全部若しくは主要な部分が
　　自動化されている機器若しくは技術を用いる方法によつて行われた情報の収
　　集又はその方法によつて収集された情報の取得
　二　前号の収集に係る情報又は同号の取得に係る情報について，一定の法則を
　　発見するために行われる分析として財務省令で定めるもの
　三　前号の分析により発見された法則を利用した当該役務の設計
　四　前号の設計に係る同号に規定する法則が予測と結果とが一致することの蓋
　　然性が高いものであることその他妥当であると認められるものであること及
　　び当該法則を利用した当該役務が当該目的に照らして適当であると認められ
　　るものであることの確認
4　法第42条の4第8項第1号イ(2)に規定する政令で定めるものは，同号イ(2)に
　規定する費用で次に掲げるものとする。
　一　その試験研究を行うために要する原材料費，人件費（前項第2号の分析を
　　行うために必要な専門的知識をもつて当該試験研究の業務に専ら従事する者
　　として財務省令で定める者に係るものに限る。以下この号において同じ。）
　　及び経費（外注費にあつては，これらの原材料費及び人件費に相当する部分
　　並びに当該試験研究を行うために要する経費に相当する部分（外注費に相当
　　する部分を除く。）に限る。）
　二　他の者に委託をして試験研究を行う当該法人の当該試験研究のために当該
　　委託を受けた者に対して支払う費用（前号に規定する原材料費，人件費及び
　　経費に相当する部分に限る。）

　上記の適用対象となる試験研究費のうち，特に人件費の範囲が問題になりま
す。税務調査においても最も大きな論点となります。

　人件費には，主に研究員の給料，賃金，賞与のほか，厚生年金保険や健康保険といった社会保険料などの会社負担分である法定福利費や退職金も含まれます。退職金は支給時期の所属部署で判定するのではなく，研究開発部門に所属した期間について過去の勤務履歴に基づき合理的に配分計算されているものは上記の人件費に含まれると考えられます。なお，福利厚生費は，各種手当等を除き，人件費ではなく，経費として取り扱われます。人材派遣業者に対して支払う外注費も同様です。

●租税特別措置法関係通達42の4(2)-3　試験研究費の額に含まれる人件費の額

> 　試験研究費の額に含まれる人件費の額は，専門的知識をもって試験研究の業務に専ら従事する者……に係るものをいうのであるから，たとえ研究所等に専属する者に係るものであっても，例えば事務職員，守衛，運転手等のように試験研究に直接従事していない者に係るものは，これに含まれないことに留意する。

　上記の「専ら」というのはおおよそ80％程度でよいのではないかという誤解をしている会社があるようですが，100％が原則です。合併や分割などの組織再編を行った場合の適格要件には「おおむね100分の80以上」と明記されています。また，公益法人等が営む出版業が収益事業に該当するかどうかの判定要素である「主として会員に配布する」ことについては，「部数の大部分（8割程度）を会員に配布していること」とされています（法令5①十二，法基通15-1-34）。一方，試験研究費の税額控除制度においてはこれらのような文言はなく，「専ら」と規定されているだけです。この点が各企業のコスト削減や人材の有効活用の足かせになりかねないという指摘があります。特に中小企業は人的な経営資源が限られている中で試験研究を行うため，試験研究以外の業務と兼務することも多いと考えられます。

　また，上記の通達において，試験研究に直接従事していない者に係る人件費は含まれないこととされているため，研究者の指揮・命令を受けて研究活動の補助を行う者の人件費は含まれると考えられますが，短期間のみ従事する場合

には「専ら従事する者」には該当しないため，その人件費は含まれません。また，研究所の所長が，専門的知識をもって試験研究プロジェクトの進行管理や指導を行わず，人事労務等の管理業務のみしか行わない場合には，その人件費は対象となりません。

　このように人件費に係る「専ら」の要件については，実務上判断が困難な場合が多いですが，これについては中小企業庁からの照会に対して国税庁が下記のように回答しています。

課法2－28
平成15年12月25日

国税局　課税（第一）部長　殿
沖縄国税事務所　次長　殿

国税庁　課税部　法人課税課長

試験研究費税額控除制度における人件費に係る「専ら」要件の税務上の取扱い
について（通知）

　標題のことについて，中小企業庁から別紙2のとおり照会があり，これに対して当庁課税部長名をもって別紙1のとおり回答したので通知する。

- -

別紙1

課法2－27
課審2－25
平成15年12月25日

中小企業庁
経営支援部長　西村　雅夫　殿

国税庁課税部長
西江　章

試験研究費税額控除制度における人件費に係る「専ら」要件の税務上の取扱い
について
（平成15年12月19日付中庁第1号による照会に対する回答）

　標題のことについては，ご照会に係る事実関係を前提とする限り，貴見のとおりで差し支えありません。

別紙 2

経済産業省

平成15・12・19中庁第 1 号
平成15年12月22日

国税庁　課税部長　西江　章　殿

中小企業庁　経営支援部長　西村　雅夫

試験研究費税額控除制度における人件費に係る「専ら」要件の税務上の取扱い
について

　標記について，下記のとおり解して差し支えないか，貴見を伺いたく照会申し上げます。

（趣旨）

　試験研究費税額控除制度の対象となる試験研究費に含まれる人件費については，租税特別措置法施行令第 5 条の 3 第12項第 1 号，第27条の 4 第 9 項第 1 号及び第39条の39第10項第 1 号において，「専門的知識をもって当該試験研究の業務に専ら従事する者に係るものに限る」と規定されているところである。

　しかしながら，当該規定が適用できるかどうかの判定に当たっては，試験研究部門に属している者や，研究者としての肩書のある者等に限られるのではないかという認識が実務界にあることから，実態として当該規定の適用を見送る例があると承知しているところである。

　特に，中小企業は人的な余裕がなく，限られた経営資源の中で試験研究に取り組まざるを得ないため，試験研究以外の業務と兼務するケースが多く見られるところであるが，下記のような研究プロジェクトの場合にあっては，当該規定の適用があり得ることを明確にするとともに，その周知を図るために照会するものである。

記

試験研究費税額控除制度における人件費に係る「専ら」要件の考え方

　租税特別措置法施行令第 5 条の 3 第12項第 1 号，第27条の 4 第 9 項第 1 号及

び第39条の39第10項第１号に規定される「専門的知識をもって当該試験研究の業務に専ら従事する者」とは，試験研究部門に属している者や研究者としての肩書を有する者等の試験研究を専属業務とする者や，研究プロジェクトの全期間中従事する者のほか，次の各事項のすべてを満たす者もこれに該当する。

① 試験研究のために組織されたプロジェクトチームに参加する者が，研究プロジェクトの全期間にわたり研究プロジェクトの業務に従事するわけではないが，研究プロジェクト計画における設計，試作，開発，評価，分析，データ収集等の業務（フェーズ）のうち，その者が専門的知識をもって担当する業務（以下「担当業務」という。）に，当該担当業務が行われる期間，専属的に従事する場合であること。

② 担当業務が試験研究のプロセスの中で欠かせないものであり，かつ，当該者の専門的知識が当該担当業務に不可欠であること。

③ その従事する実態が，おおむね研究プロジェクト計画に沿って行われるものであり，従事期間がトータルとして相当期間（おおむね１ヶ月（実働20日程度）以上）あること。この際，連続した期間従事する場合のみでなく，担当業務の特殊性等から，当該者の担当業務が期間内に間隔を置きながら行われる場合についても，当該担当業務が行われる時期において当該者が専属的に従事しているときは，該当するものとし，それらの期間をトータルするものとする。

④ 当該者の担当業務への従事状況が明確に区分され，当該担当業務に係る人件費が適正に計算されていること。

また，人件費の範囲についての建設業界からの照会に対して，国税庁が下記のように回答しています。

試験研究費に含まれる人件費の範囲

【照会要旨】

建設業は原則的に受注による現場一品生産であり，また，土木構造物，建築物等は一般の製造物に比して著しく規模が大きいこと等もあって，新技術の完成のためには現地における実証試験等が必要かつ重要であり，研究所における試験研究に加え，建設工事現場等における試験研究が数多く行われています。

　ところで，このような現地における試験研究について，当該試験研究の目的及び内容，並びにこれに従事する技術者の執務形態等によっては，研究所における試験研究と同等のものとして取り扱われ，当該試験研究を行うために要する人件費を租税特別措置法第42条の4《試験研究を行った場合の法人税額の特別控除》に定める試験研究費に含めることができる場合があるのでしょうか。

　具体的には，建設工事の施工とは明確に区分される試験研究で，研究所における実験等が物理的に困難であることから研究所機能を代替するものとして建設工事現場等を活用し，現地において専門的知識をもった技術者が相当期間にわたり試験研究業務に専ら従事する場合には，それに要する人件費は一般的に試験研究費に含めることができると解して差し支えありませんか。

【回答要旨】

　照会に係る試験研究に専ら従事する技術者の人件費については，試験研究費に含めて差し支えありません。

　なお，現地における試験研究に技術者が専ら従事していることについては，調査報告書や勤務報告書等により確認できるように整理しておく必要があります。

（理由）

　試験研究の目的及び内容，並びにこれに従事する技術者の執務形態等によっては，当該試験研究を行うために要する人件費を試験研究費に含めることができる場合があり，照会の事例のように，建設工事の施工とは明確に区分される試験研究で，研究所における実験等が物理的に困難であることから研究所機能を代替するものとして建設工事現場等を活用し，現地において専門的知識をもった技術者が相当期間にわたり試験研究業務に従事する場合には，一般的にそれに当たると考えられます。

　その際，現場技術者が試験研究に専ら従事していることについては，調査報告書や勤務報告書等により確認できるように整理しておく必要があります。

第 2 章

ソフトウェア

Ⅰ　ソフトウェアを取得した場合の取扱い

Q11　ソフトウェアの範囲とコンテンツとの区分

　外部から購入したソフトウェアにコンテンツが内在している場合にはどのように処理すればよいでしょうか。ソフトウェアにはコンピュータシステム上で処理を行うプログラム以外にフローチャート等も含まれるようですが，画像や音楽データといったコンテンツも含まれるのでしょうか。なお，当社では，地図情報を検索する地理情報システムを収納した CD-ROM を購入したのですが，これはどのように取り扱うのでしょうか。

A

SUMMARY　コンテンツは，原則としてソフトウェアと区分し，その性格に応じて関連する会計処理慣行に準じて処理することになります。ただし，外部から購入したソフトウェアにコンテンツ部分が内在していて，これらの金額を区分することができない場合には，主要な性格に応じてソフトウェアかコンテンツのいずれかとして処理することになります。なお，貴社が購入した地理情報システムは地理情報をデータとして記憶させたものですので，少額減価償却資産に該当するものを除き，「器具及び備品」として耐用年数 5 年で償却することになります。

Reference　実務指針6・29・7但書

DETAIL

　企業会計上，「ソフトウェアとは，コンピュータを機能させるように指令を組み合わせて表現したプログラム等をいう。」とされています（注解一 2 ）。さらに実務指針では，ソフトウェアとは，コンピュータ・ソフトウェアをいい，その範囲は①コンピュータに一定の仕事を行わせるためのプログラムと②システム仕様書，フローチャート等の関連文書とされています（実務指針 6 ）。つまり，企業会計上，ソフトウェアにはプログラムのみならず，システム仕様書

等の関連文書も含んでいることになりますが，税務上ソフトウェアについて定義されていないため，法人税においてもソフトウェアの概念や範囲はこれと同様です。

　一方，データベースソフトウェアが処理対象とするデータや，映像・音楽ソフトウェアが処理対象とする画像・音楽データ等といったコンテンツについては，ソフトウェアに含めないこととされています（実務指針29）。これは，ソフトウェアとコンテンツとは，それぞれ別個の経済的価値を持つものであり，また，それぞれの会計慣行があるためです。ソフトウェアがコンピュータに一定の仕事を行わせるプログラム等であるのに対し，コンテンツはその処理対象となる情報の内容をいいます。

　コンテンツの定義についても，税務上は明文規定がないため，ソフトウェアの概念同様に，会計上の取扱いと基本的には同じものと考えられています。

　ソフトウェアとコンテンツとは税務においても基本的に別物と考えられます。特に自己の制作に係るソフトウェアの場合には，コンテンツ部分の対価は明確に区分することができることが多いため，原則としてソフトウェアとはせずに別個のものとして，コンテンツの制作費を個別に集計することになります。ただし，パッケージソフトウェアのように外部から購入したソフトウェアにコンテンツ部分が内在している場合には，一般的にその金額を区分することができない場合があります。制作者側では，ソフトウェアとコンテンツは別個の経済価値として把握可能であるのに対し，購入者側では，それぞれを明確に線引きすることは概念的には可能なものの，実際の適用においては混乱を招くことが予想されます。そこでソフトウェアとコンテンツが，経済的・機能的に一体不可分と認められるような場合には両者を一体として取り扱うことが認められています（実務指針7但書）。この場合，主要な性格に応じてソフトウェア又はコンテンツのいずれかとして処理することになります。

　税務上，コンテンツとして処理する場合において，映画やアニメなどの映像ソフトやゲームソフトは，「器具及び備品」の「11　前掲のもの以外のもの」のうち「映画フィルム（スライドを含む。），磁気テープ及びレコード」に該当

し，耐用年数2年で償却することになります。一方，貴社が購入した地理情報
システムは，コンピュータ上に地図情報をもたせて作成や管理をさせ，地理的
な解析を行うなどのプログラムではなく，地理情報をデータとして電子的に記
憶させたものです。したがって，少額減価償却資産に該当するものを除き，ソ
フトウェアではなく，「器具及び備品」の「11　前掲のもの以外のもの」のう
ち「その他のもの」の「その他のもの」に該当し，耐用年数5年で償却するこ
とになります（耐令別表第一　機械及び装置以外の有形減価償却資産の耐用年
数表）。

参考

●コンテンツ法におけるコンテンツの定義（コンテンツの創造，保護及び活用の促
　進に関する法律2条1項）

> 　この法律において「コンテンツ」とは，映画，音楽，演劇，文芸，写真，漫画，
> アニメーション，コンピュータゲームその他の文字，図形，色彩，音声，動作若
> しくは映像若しくはこれらを組み合わせたもの又はこれらに係る情報を電子計算
> 機を介して提供するためのプログラム（電子計算機に対する指令であって，一の
> 結果を得ることができるように組み合わせたものをいう。）であって，人間の創
> 造的活動により生み出されるもののうち，教養又は娯楽の範囲に属するものをい
> う。

Q12 機器組込みソフトウェアの取扱い

新しいパソコンを購入しましたが，これには OS（オペレーティングシステム，基本ソフト）以外に表計算などのアプリケーションソフトが組み込まれています。このようにパソコンに組み込まれているソフトウェアは，無形固定資産として区分処理するのでしょうか。

A ┄┄┄┄┄┄┄┄┄┄┄┄┄┄┄┄┄┄┄┄┄┄┄┄┄┄┄┄

SUMMARY 購入したパソコンに組み込まれている，いわゆるファームウェアについては，原則として器具備品でハードウェアと一体で処理することになります。

Reference 実務指針17・41

DETAIL

コンピュータシステムを制御するためのソフトウェアで，パソコン周辺機器，携帯電話，家電製品や自動車などの電子機器に組み込まれて機能を発揮するものをファームウェアといいます。ハードウェアに密接に結びついていて，むやみに書き換えることのない媒体に書き込まれたものですが，これについては機器を制作して販売する側の業者とそれを買って利用する側の会社とでは取扱いが違ってきます。

制作している機械メーカー側等においては，機器組込みソフトウェアと機器自体を別個の経済価値として把握することが可能ですので，電子部品等に組み込まれるマイコンチップなどについては無形固定資産であるソフトウェアとして処理することになります。

一方，ソフトウェアが組み込まれた機械装置や器具備品等を購入した場合には，ソフトウェア部分も機械装置等に含めて処理することになります。例えばパソコンのように，ソフトウェア対応に互換性がある場合には，ソフトウェアと機器は区分すべきですが，ファームウェアのように機器組込みとしてセットで購入しているものは，ソフトウェアを区分することなく機械等として処理す

ることになります。これは，機器とソフトウェアは相互に有機的一体として機
能し，経済的耐用年数も両者に相互関連性が高いためです。つまり，組み込ま
れているソフトウェアを取り出して単独で使用できるもの以外は一体として考
えます。ただし，購入当初からソフトウェアのバージョンアップが予定されて
いる場合で，バージョンアップによる機能向上が革新的であるようなときは，
機器とは別個にソフトウェアとして処理することが適切なこともあります。ま
た，機械等の購入時にソフトウェアのバージョンアップが契約により予定され，
新・旧ソフトウェアの購入価格が明確な場合には，ソフトウェア部分を区分し
て処理することも考えられます（実務指針17・41）。

　また，パソコンを購入した場合にウィンドウズのような基本ソフト等やそれ
以外に別途ソフトウェアが一緒に組み込まれていることも多くあります。これ
らは概念的には無形のソフトウェアに該当しますが，購入代金がパソコン本体
と一体とされていることがほとんどであり，また区分できる場合においても比
較的金額が僅少であるため，実務上は区分せずパソコンの耐用年数（4年）で
償却をしているのが実情です。

　機器等に組み込まれたソフトウェアの処理方法については法人税法上，特に
定められていませんので，会計基準と同様に取り扱います。したがって，機械
に組み込まれているファームウェアについては，原則として機械装置などの勘
定科目でハードウェアと一体で処理することになります。

Q13 他社から購入したソフトウェアに係る税務調整

　他社からソフトウェアを購入した場合において，企業会計と税務で異なる取扱いはありますか。また，どのような場合に税務調整が必要になるのでしょうか。

A

SUMMARY ソフトウェアの導入にあたって必要とされる設定作業及び自社の仕様に合わせるために行う付随的な修正作業等の費用について重要性が乏しい場合において，会計上費用処理している場合には税務調整が必要になります。

Reference 法令54①一，法基通7-3-15の2（注）・7-8-6の2

DETAIL

　購入したソフトウェアの取得価額は，購入の代価（引取運賃，荷役費，運送保険料，購入手数料，関税その他その資産の購入のために要した費用がある場合にはその費用の額を加算した金額）とその資産を事業の用に供するために直接要した費用の額との合計額となります（法令54①一）。なお，市販のソフトウェアを購入し，それを自社で利用するための設定作業や自社の仕様に合わせるために行う付随的な修正作業等の費用が発生する場合があります。これらの費用は，法人税法施行令54条1項1号に規定する事業の用に供するために直接要した費用に該当するため，その額はそのソフトウェアの取得価額に算入することになります（法基通7-3-15の2（注））。

　企業会計では，「外部から購入したソフトウェアについて，そのソフトウェアの導入に当たって必要とされる設定作業及び自社の仕様に合わせるために行う付随的な修正作業等の費用は，購入ソフトウェアを取得するための費用として当該ソフトウェアの取得価額に含める」こととされていますので，税務と同様の取扱いになります（実務指針14）。ただし，その但書において「これらの費用について重要性が乏しい場合には，費用処理することができる」とされて

います。したがって，会計上重要性が乏しいと判定された場合には税務との乖離が生じることになり，税務調整が必要になります。

　なお，「自社で過去に制作したソフトウェア又は市場で販売されているパッケージソフトウェアの仕様を大幅に変更して，自社のニーズに合わせた新しいソフトウェアを制作するための費用は，それによる将来の収益獲得又は費用削減が確実であると認められる場合を除き，研究開発目的のための費用と考えられるため，購入ソフトウェアの価額も含めて費用処理する」こととされています（実務指針15）。一方税務上は，「既に有しているソフトウエア又は購入したパッケージソフトウエア等（既存ソフトウエア等）の仕様を大幅に変更して，新たなソフトウエアを製作するための費用の額は，当該新たなソフトウエアの取得価額になるのであるが，その場合（新たなソフトウエアを製作することに伴い，その製作後既存ソフトウエア等を利用することが見込まれない場合に限る。）におけるその既存ソフトウエア等の残存簿価は，当該新たなソフトウエアの製作のために要した原材料費となる」とされています（法基通7‐3‐15の2（注）・7‐8‐6の2（注））。

　上記にあるように新たなソフトウェアの製作費用は取得価額に含まれるものの，著しい改良を行った場合には新たなソフトウェアの研究開発となり，その部分については取得価額に算入せず，研究開発費などで期間費用として処理することになると思われます。なお，著しい改良については「研究及び開発の要素を含む大幅な改良を指しており，完成に向けて相当程度以上の技術的な困難が伴うもの」とされており，具体例として，「機能の改良・強化を行うために主要なプログラムの過半部分を再制作する場合」や「ソフトウェアが動作する環境（オペレーションシステム，言語，プラットフォームなど）を変更・追加するために大幅な修正が必要になる場合」が挙げられています（実務指針33）。

Q14 ソフトウェア購入資金に係る借入金の利子

　大規模なシステム変更に伴い，ソフトウェア購入資金として金融機関から借入れをしました。この借入金の利子は取得価額に含めなければならないのでしょうか。

A ···

SUMMARY　ソフトウェアの取得にあたって借り入れた借入金の利子は取得価額に含める必要はありません。

Reference　法基通７－３－１の２

DETAIL

　ソフトウェアを取得するために借り入れた借入金の利子については，使用開始前の期間に係るものであっても，取得価額に算入しないことができるものとされています（法基通７－３－１の２）。したがって，借入金の利子をそのソフトウェアの取得価額に含めるかどうかは会社が選択することができます。ただし，借入金の利子の額を建設仮勘定で処理した場合には，その利子の額は取得価額に算入されたことになります（法基通７－３－１の２（注））。借入金利子を取得価額に算入するかどうかについては，その費用を支出した日の属する事業年度において判断するべきとされていますので，建設仮勘定などで処理した借入金利子は，その段階で取得価額に算入することを選択したということになり，その後で損金算入することは認められません。

Q15　ソフトウェアの導入費用

> 固定資産管理システムを導入したことに伴い，データをコンバートするための費用が発生しました。また，資産除去債務の取扱いについて社員研修を行いましたが，研修講師に支払った報酬や会場費用などが発生しています。これらの費用は会計上，発生した事業年度の費用とされていますが，税務上はソフトウェアの取得価額に含めなければならないのでしょうか。

A ···

SUMMARY〉　データをコンバートするための費用やトレーニングのための費用といった，ソフトウェアを利用するために必要な導入費用については，ソフトウェアの取得価額に含める必要はありません。

（Reference）　実務指針16，法令54①一

DETAIL 〉

　新しいシステムでデータを利用するために旧システムのデータをコンバートする費用やソフトウェアの操作をトレーニングするための費用は，会計上，発生した事業年度の費用とされています（実務指針16）。税務上，購入したソフトウェアの取得価額は購入代価，引取運賃や購入手数料といった購入のために要した費用，ソフトウェアを事業の用に供するために直接要した費用の額の合計額とされています（法令54①一）。

　データをコンバートするための費用やトレーニングのための費用は，事業の用に供するために直接要した費用ではなく，事後的な費用といえます。したがって，これらの費用は取得価額を構成するものではなく，ソフトウェアの価値を向上させるものではありませんので，ソフトウェアの取得価額に含める必要はありません。

Q16 ホームページ制作に係るプログラム作成費用

広告宣伝のため，インターネット上に当社のホームページを開設しました。その制作のために業者に委託した費用のうちに，データベースへのアクセスのためのプログラム作成費用が500万円含まれています。これについても広告宣伝費等として一時の損金にすることができるのでしょうか。それとも，繰延資産として償却するのでしょうか。

A ···

SUMMARY▷ ホームページの制作費用は，原則として，その支出時の損金として取り扱われますが，プログラム作成費用500万円については無形固定資産として処理することになります。

(Reference) 基準一2，法令13①ハリ，耐令別表第三

DETAIL ▷

　ホームページは自社やその新製品を広告宣伝するために制作されるものが一般的であり，その内容は頻繁に更新されるため，開設の際の制作費用の支出の効果が1年以上には及ばないと考えられます。したがって，ホームページの制作費用は，原則として，その支出時の損金として取り扱われます。ただし，ホームページの内容が更新されないまま使用期間が1年を超える場合には，その制作費用はその使用期間に応じて償却します。また，制作費用の中にプログラムの作成費用が含まれるようなホームページについては，その制作費用のうちプログラムの作成費用に相当する金額は無形固定資産であるソフトウェアの取得価額として計上し，耐用年数5年を適用して定額法により償却することとなります（基準一2，法令13①ハリ，耐令別表第三）。

Q17　ソフトウェアの値引き

　過年度に800万円で購入したソフトウェアについて当期に100万円の値引きをしてもらいましたが，どのように処理すればよいでしょうか。全額雑収入に計上することになるのでしょうか。なお，値引き直前における帳簿価額は600万円です。

A ···

SUMMARY　値引額100万円のうち75万円はソフトウェアの帳簿価額から減額し，差額の25万円を雑収入として処理することができます。

Reference　法基通7－3－17の2

DETAIL

　既に事業の用に供しているソフトウェアについて，その後，値引き，割戻しや割引があった場合，その受け取った金額は単純に益金に算入することになるのか，そのソフトウェアの取得価額を修正することができるのかが問題になります。

　会社が所有するソフトウェアについて値引き等があった場合には，その値引き等のあった日の属する事業年度の確定した決算においてその固定資産の帳簿価額を減額することができるものとされています（法基通7－3-17の2）。

　この場合に減額することができる金額は，過去にその値引き等をする前の取得価額を基礎として償却が行われているため，その時点で過去の償却額との調整を行うこととしています。具体的には，次の算式により計算した金額の範囲内で減額することが認められます。

（算式）

値引き等の額　×　$\dfrac{値引き等の直前における固定資産の帳簿価額}{値引き等の直前における固定資産の取得価額}$

　貴社の場合，上記の算式に当てはめると，ソフトウェアの取得価額から減額できる金額は次のように75万円となり，雑収入又は前期損益修正益で処理する金額は差額の25万円となります。

（算式）

値引き額100万円 × $\dfrac{\text{値引き直前の帳簿価額 600万円}}{\text{値引き直前の取得価額 800万円}}$ ＝75万円

　なお，そのソフトウェアが圧縮記帳の適用を受けたものであるときは，算式の分母及び分子の金額はその圧縮記帳後の金額によることとされています（法基通 7 - 3 -17の 2 （注） 1 ）。

Q18　ソフトウェアの開発を行う役員の報酬

　当社では自社で利用するソフトウェアを自社開発しており，システムエンジニアの役員がいます。役員報酬は基本的に原価性がないと理解していますが，この役員の報酬は取得価額に含めるのでしょうか。また，一部の作業を外注していますが，この外注費についても取得価額に含めるのでしょうか。

A ……………………………………………………………………

SUMMARY　ソフトウェアの製作に要した材料費や人件費等は取得価額に含めます。その際，製作に従事する役員の人件費や委託外注費も含めます。

Reference　法令54①二，法基通7－3－15の3(3)・7－3－15の2

DETAIL

　ソフトウェアの取得価額については，法人税法上，特段の規定は設けられていませんので，他の償却資産と同様に，購入や製作等の取得形態に応じて規定されている減価償却資産の取得価額の一般規定が適用されることになります。自己の建設，製作又は製造に係る減価償却資産の取得価額については，次の金額の合計額とされています（法令54①二）。

①　その建設等のために要した原材料費，労務費及び経費の額

②　その資産を事業の用に供するために直接要した費用の額

　取得価額となる製作原価としては，システムエンジニア等の人件費や委託外注費など直接的に発生する原価だけでなく，間接的に発生する製造間接費も含まれますが，それぞれの費用の原価性の有無については個別に判断していくことになります。また，取得価額に含めることとなる使用のために直接要した費用には，指導料・据付費・試運転費等の諸費用があります。なお，製作等のために要した間接費，付随費用等で，その費用の額の合計額が少額（その製作原価のおおむね3％以内の金額）であるものは，取得価額に算入しないことがで

きます（法基通7－3-15の3⑶）。

　なお，役員については雇用契約ではなく委任契約であり，その報酬は経営全般に関わる報酬対価としての性格を有するため基本的には原価性がないと考えられますが，役員が製作に携わっている場合には取得価額に算入することになります。自社製作の場合，その取得価額については適正な原価計算に基づいて算定することとなりますが，その会社が，原価の集計，配賦等について合理的であると認められる方法により継続して計算している場合には，これが認められます（法基通7－3-15の2）。

　自社製作のソフトウェアの製作原価の大部分は人件費であることが多いですが，専ら1つのソフトウェアの製作に携っているシステムエンジニア等の人件費は，その実額を取得価額に含めます。なお，従業員等が複数のソフトウェアの製作に携っている場合には，1人当たりの平均賃金等合理的な基準によりそれぞれのソフトウェアの製作に携った時間を集計して取得価額に算入するケースが多くみられます。

　したがって，自社で製作したソフトウェアの取得価額は，原則として自社製作に係る原材料費，人件費，製作した部署の経費等を合理的に配賦することとなります。

Q19　ソフトウェアの仕損費用

　当社はソフトウェアを自社で開発していますが，製作計画の変更により，いわゆる仕損じが発生しました。この場合の費用についてもソフトウェアの取得価額に含めることになるのでしょうか。

A ··

SUMMARY　製作過程における製作計画の変更等により発生した仕損費用についてはソフトウェアの取得価額に含める必要はありません。

Reference　法基通 7 - 3 - 15の 3

DETAIL

　次に掲げるような費用は，取得価額に含めないことができることとされています（法基通 7 - 3 -15の 3 ）。

① 　自己の製作に係るソフトウェアの製作計画の変更等により，いわゆる仕損じがあったため不要となったことが明らかなものに係る費用

② 　研究開発費の額（自社利用のソフトウェアに係る研究開発費の額については，その自社利用のソフトウェアの利用により将来の収益獲得又は費用削減にならないことが明らかな場合における当該研究開発費の額に限ります）

③ 　製作等のために要した間接費，付随費用等で，その費用の額の合計額が少額（その製作原価のおおむね 3 ％以内の金額）であるもの

　ソフトウェアを自社で開発している場合には，製作過程における製作計画の変更等により仕損じが発生し，既に要した製作費用が無駄になってしまうこともあります。このような場合において，その不要になったことが明らかなものに係る費用については新たな製作計画等に基づいて開発するソフトウェアの取得価額に含める必要はありません。

　なお，複写して販売するための原本となるソフトウェアは耐用年数 3 年で償

却されますが，その償却費の額は，企業会計上その事業年度に販売したソフトウェアに対応する費用として処理することが認められていることから，税務上も経理実務等を考慮して製品の製造原価に含めないことができることとされています（法基通 5 - 1 - 4 (6)）。

Q20　自社利用ソフトウェアの研究開発費

> 　当社では現在，自社で利用するソフトウェアの研究開発を進めています。この研究開発費のうちどのようなものが税務上資産計上されることになるのでしょうか。会計上の範囲と異なる部分はあるのでしょうか。

A ···

SUMMARY　基本的には企業会計上の取扱いと同じです。ただし，ソフトウェアの研究開発費のうち，その利用により将来の収益獲得又は費用削減が確実であるかどうかが不明な部分について，会計上費用処理している場合には税務調整が必要になります。

(Reference)　実務指針11，法基通 7 - 3 -15の 3

DETAIL

1　企業会計上の取扱い

　企業会計においては，自社利用のソフトウェアの資産計上の検討に際しては，そのソフトウェアの利用により将来の収益獲得又は費用削減が確実であることが認められるという要件が満たされているか否かを判断するとされています。それが確実である場合は，費用収益の対応関係等を考慮して無形固定資産として計上し，その利用期間にわたり償却をすることとされています。なお，ソフトウェアが資産計上される場合の一般的な例として以下のものが掲げられています（実務指針11）。

① 　通信ソフトウェア又は第三者への業務処理サービスの提供に用いるソフトウェア等を利用することにより，会社（ソフトウェアを利用した情報処理サービスの提供者）が，契約に基づいて情報等の提供を行い，受益者からその対価を得ることとなる場合

② 　自社で利用するためにソフトウェアを制作し，当初意図した使途に継続

して利用することにより，そのソフトウェアを利用する前と比較して会社
（ソフトウェアの利用者）の業務を効率的又は効果的に遂行することがで
きると明確に認められる場合

例えば，そのソフトウェアを利用することにより，利用する前に比し間接
人員の削減による人件費の削減効果が確実に見込まれる場合，複数業務を統
合するシステムを採用することにより入力業務等の効率化が図れる場合，従
来なかったデータベース・ネットワークを構築することにより今後の業務を
効率化又は効果的に行える場合等が考えられ，ソフトウェア制作の意思決定
の段階から制作の意図・効果が明確になっている場合です。

③　市場で販売しているソフトウェアを購入し，かつ，予定した使途に継続
して利用することによって，会社（ソフトウェアの利用者）の業務を効率
的又は効果的に遂行することができると認められる場合

2　税務上の取扱い

税務上の減価償却資産の取得価額は，適正な原価計算に基づいて算定したも
のであれば認められています（法令54②）。そして次に掲げるような費用は，
ソフトウェアの取得価額に含めないことができることとされています（法基通
7-3-15の3）。

①　自己の製作に係るソフトウェアの製作計画の変更等により，いわゆる仕
損じがあったため，不要となったことが明らかなものに係る費用

②　研究開発費の額（自社利用のソフトウェアに係る研究開発費の額につい
ては，その自社利用のソフトウェアの利用により将来の収益獲得又は費用
削減にならないことが明らかな場合における当該研究開発費の額に限りま
す）

③　製作等のために要した間接費，付随費用等で，その費用の額の合計額が
少額（その製作原価のおおむね3％以内の金額）であるもの

　上記のとおり，自社利用ソフトウェアの研究開発費については，その利用により将来の収益獲得又は費用削減にならないことが明らかな場合にのみ，取得価額に算入しないことができることとされています。

　したがって，研究開発費のうちソフトウェアの利用により将来の収益獲得又は費用削減が確実であるかどうかが不明な部分については会計上と税務上の資産計上の判断基準が異なります。実務上，不明な部分については，保守的に資産計上しているケースが多いようですが，会計上費用処理している場合には税務調整が必要になります。

Q21 ソフトウェアのバージョンアップ費用等と少額資産の判定

　以前3,000万円で購入したソフトウェアにつき，当期にバージョンアップやプログラムの修正，バグ取りを行い，合計800万円を支出しました。これらの費用は資本的支出ではなく，修繕費として取り扱ってよいのでしょうか。また，当社は中小企業者に該当しますが，資本的支出に該当する場合には，中小企業者等の少額減価償却資産の取得価額の損金算入の特例を適用することができますか。

A ....

SUMMARY〉　固定資産の使用可能期間や価値を増大させるものでないかぎり，修繕費として取り扱います。なお，資本的支出に該当する場合であっても，中小企業者等の少額減価償却資産の取得価額の損金算入の特例を適用することはできません。

（Reference）　法令132・55①，法基通7‐8‐2，措法67の5，措通67の5‐3

DETAIL〉

　税務上，資本的支出は固定資産の使用可能期間や価値を増大させるものとされています。一方，修繕費は固定資産の維持管理や原状回復のために要したものとされます（法令132，法基通7‐8‐2）。

　例えば，法令の改正に関するプログラムの修正は，現在使用しているソフトウェアの価値を高めるものではなく，維持するために行われるものといえますから，修繕費に該当します。ただし，付随して新たな機能の追加等でソフトウェアの価値を高める修繕が行われている場合には，その機能の追加等の部分は資本的支出として扱われることとなります。

　ソフトウェアについても他の減価償却資産と同様に，使用可能期間が1年未満又は取得価額が10万円未満のものは，消耗品費などの勘定科目で費用処理した場合には少額減価償却資産として全額損金とすることができます（法令133）。また，取得価額が10万円以上20万円未満のものを費用処理した場合には，一括

償却資産として3年間で償却することができます（法令133の2）。さらに青色申告書を提出する中小企業者は，取得価額が30万円未満のものを費用処理した場合には全額損金とすることができます（措法67の5）。

　資本的支出部分は新規取得資産となりますが，「減価償却資産を新たに取得したものとする」と規定され（法令55①），資本的支出部分を新規取得資産とみなすこととしているだけで，実質的に新たな減価償却資産を取得したものとはしていません。つまり，原則として，資本的支出部分に対する特別償却全般の適用はありません。また，資本的支出とは「減価償却資産につき改良，改造等のために行った支出」であることから，原則として，資本的支出部分に対する中小企業者等の少額減価償却資産の取得価額の損金算入の特例の適用もありません（措通67の5-3）。

●租税特別措置法関係通達67の5-3　少額減価償却資産の取得等とされない資本的支出

　法人が行った資本的支出については，取得価額を区分する特例である令第55条第1項《資本的支出の取得価額の特例》の規定の適用を受けて新たに取得したものとされるものであっても，法人の既に有する減価償却資産につき改良，改造等のために行った支出であることから，原則として，措置法第67条の5第1項《中小企業者等の少額減価償却資産の取得価額の損金算入の特例》に規定する「取得し，又は製作し，若しくは建設し，かつ，当該中小企業者等の事業の用に供した減価償却資産」に当たらないのであるが，当該資本的支出の内容が，例えば，規模の拡張である場合や単独資産としての機能の付加である場合など，実質的に新たな資産を取得したと認められる場合には，当該資本的支出について，同項の規定を適用することができるものとする。

　なお，以前購入した複数台のパソコンについてセキュリティソフトのライセンス契約があり，その更新料を一括して支払う場合，その更新料が10万円未満の少額減価償却資産ないし20万円未満の一括償却資産に該当するかどうかは，更新料の総額ではなく，1台当たりの更新料で判定します。これはセキュリティソフトが全体で機能を発揮するものではなく，それぞれのパソコンで機能

を発揮するためです。一方，例えば社内ネットワークのための通信用のソフトウェアなど単体では機能を発揮できないものを一括購入した場合には，個々の単価ではなく，購入総額で判定することになります。

●法人税基本通達7－1－11　少額の減価償却資産又は一括償却資産の取得価額の判定

令第133条《少額の減価償却資産の取得価額の損金算入》又は令第133条の2《一括償却資産の損金算入》の規定を適用する場合において，取得価額が10万円未満又は20万円未満であるかどうかは，通常1単位として取引されるその単位，例えば，機械及び装置については1台又は1基ごとに，工具，器具及び備品については1個，1組又は1そろいごとに判定し，構築物のうち例えば枕木，電柱等単体では機能を発揮できないものについては一の工事等ごとに判定する。

Q22 ソフトウェアの開発請負と工事進行基準の適用

　当社は，ソフトウェアの受注制作を行っています。ソフトウェアの開発請負だけでなく，納入後の導入支援や保守サービスも行っていますが，この場合，工事進行基準の適用があるのでしょうか。

A ···

SUMMARY　ソフトウェアの保守等の役務提供のみの請負は，原則として工事進行基準の適用はありません。ただし，工事の請負と一体として請け負ったと認められる場合は適用されます。

Reference　法法64，法令129，法基通 2 - 4 - 12

DETAIL

1　工事契約に関する会計基準の制定及び税制改正

(1)　会計基準の変更

　企業会計においては，平成19年12月に工事契約に関する会計基準とその適用指針が公表され，平成21年 4 月 1 日以降に開始する事業年度からは，工事の進捗部分について成果の確実性が認められる場合には工事進行基準を適用し，それ以外の場合には工事完成基準を適用することとされました。成果の確実性が認められるためには，工事収益総額，工事原価総額及び決算日における工事進捗度の各要素について信頼性をもって見積もることができなければならないとされています（工事契約に関する会計基準 9 ）。工事進行基準は，請負工事の完成に先立って，合理的に見積もった工事進捗度に応じてその工事利益や工事原価を繰り上げ計上する方法をいいます。また，適用範囲に受注制作のソフトウェアが含まれるようになりました（工事契約に関する会計基準 5 ）。

（2） 税制改正

　企業会計の変更を受け，税務上の取扱いも変わりました。平成20年度の税制改正により，長期大規模工事の範囲を拡大するとともにこれに該当するものについては，工事進行基準の方法により益金及び損金の額を算出して所得金額を計算することが強制されました（法法64）。長期大規模工事とは，次の要件を満たす工事をいいます（法令129）。

① 　工事の着手の日からその工事に係る契約において定められている目的物の引渡しの期日までの期間が1年以上であること

② 　請負の対価の額が10億円以上であること

③ 　その工事に係る契約において，その請負の対価の額の2分の1以上がその工事の目的物の引渡しの期日から1年を経過する日後に支払われることが定められていないものであること

　なお，工事進行基準の適用により計上した未収入金は貸倒引当金を設定できる個別評価金銭債権や一括評価金銭債権に含まれることとされました（法令130）。また，損失が生じると見込まれる工事についても工事進行基準を適用することができるようになりました。

　なお，企業会計上は，工事損失の発生が高く，かつ，その金額を合理的に見積もることができる場合には，工事契約の全体から見込まれる工事損失から，その工事契約に関して既に計上された損益の額を控除した残額，つまりその工事契約について今後見込まれる損失の額について，工事損失引当金を計上することとされていますが，税務上は引当金の繰入額は損金と認められず申告調整（加算・留保）します。これについては，税効果会計の対象となりますが，税負担が先行しますので，留意する必要があります。

2 　工事進行基準の適用対象

　ソフトウェア業を営む中小企業が受注する契約には上記1（2）の長期大規模工事に該当しないものが多いですが，その場合には工事進行基準を強制され

ることはありません。また，受注ソフトウェアのフェーズ（作業工程，業務プロセス）には大きく分けて①要件定義，②システム構築（設計，プログラミング，テスト・評価），③導入，④保守・運用がありますが，これらのうち②システム構築に該当する工事で規模が大きいもののみに工事進行基準を適用している企業もあります。

　上記1（1）にあるように工事進行基準を適用するには，工事原価総額の見積りにおける信頼性の確保が必要で，恣意性の排除のための管理にもコストがかかります。ソフトウェアは無形であるため開発状況を確認することが困難であり，また近年のソフトウェアは技術革新により多様化・高度化が進んでいることから仕様などが単純に決定しないため，発注側と受注側の話し合いを進めながら制作していくケースが一般的です。ソフトウェア開発の見積りどおりにはいかず受注側であるメーカーのリスクが高いため，本発注をし構築をする前段階である要件定義は請負契約ではなく委任契約にすることが多いようです。要件定義とはユーザーの要求をまとめるためにシステム化の範囲と機能などを定義することをいいます。

　工事進行基準が適用される請負工事の範囲には，原則としてソフトウェアの保守等の役務の提供のみの請負は含まれないこととされていますが，工事の請負と一体として請け負ったと認められる場合は，上記の工事の請負に含まれることとされています（法基通2-4-12）。これは，役務の提供の請負が本体工事と密接不可分のものは，その全体をもって1つの工事の請負とみるべきと考えられるためです。

●**法人税基本通達2-4-12　工事の請負の範囲**

> 　法第64条第1項《長期大規模工事の請負に係る収益及び費用の帰属事業年度》に規定する工事の請負には，設計・監理等の役務の提供のみの請負は含まれないのであるが，工事の請負と一体として請け負ったと認められるこれらの役務の提供の請負については，当該工事の請負に含まれることに留意する。

　なお，ソフトウェアの開発がフェーズごとに分かれていて，完成した部分はその都度発注者側に納品されることがあります。この場合において，完成した部分が事業の用に供されているときは，その部分は減価償却資産に該当することになります（法基通7-1-4）。したがって，発注者側に部分的に引渡しが完了したソフトウェアに対応する金額を合理的に算定して，納入され試用された時から償却を開始することができます。

Ⅱ　ソフトウェアを取得した後の取扱い

Q23　ソフトウェアの償却に係る会計上と税務上の差異

　ソフトウェアの販売業を営む当社は，販売用ソフトウェア（取得価額
1,000万円，取得日は期首）について，会計監査の指摘により，販売見込
数量をベースに算定した償却費（400万円）の計上をしましたが，税務
上の取扱いはどのようになりますか。また，自社利用のソフトウェアなど
販売用ソフトウェア以外にも会計上と税務上とで償却方法が異なるケース
はありますか。

A ···

SUMMARY　　税務上は，複写して販売するための原本であるソフトウェアの法定
耐用年数は3年とされています。会計上，償却費として計上した400万円のうち税
務上の償却限度額を超える660,000円を償却超過額として加算することになります。
また，特定の研究開発目的のためのソフトウェアの償却についても会計上と税務上
の取扱いが異なります。

Reference　実務指針18・5，法令68①三，法基通9－1－16・5－1－4⑹・
7－1－8の2，耐令別表第三・第六

DETAIL

1　ソフトウェアの減価償却

　会計上，市場販売目的のソフトウェアの減価償却の方法は，ソフトウェアの
性格に応じて最も合理的と考えられる方法を採用すべきであるとし，合理的な
償却方法としては見込販売数量に基づく方法のほか，見込販売収益に基づく方
法も認められています（実務指針18）。
　一方，税務上は，下記に掲げる場合などを除き法定耐用年数で償却すること

とされています（法令68①三，法基通9‐1‐16）。

① その資産が災害により著しく損傷したこと

② その資産が1年以上にわたり遊休状態にあること

③ その資産がその本来の用途に使用することができないため他の用途に使用されたこと

④ その資産の所在する場所の状況が著しく変化したこと

⑤ その資産がやむを得ない事情によりその取得の時から1年以上事業の用に供されないため価額が低下したと認められること

⑥ 法的整理の事実（更生手続における評定が行われることに準ずる特別の事実）があったこと

複写して販売するための原本であるソフトウェアの法定耐用年数は3年，自社で利用するものなど上記以外は5年となっています（耐令別表第三）。したがって，会計上法定耐用年数をベースに算定したものと異なる償却費が計上された場合には，税務上は償却超過額が生じることとなります。

> （算式）
> 会社の償却費計上額：4,000,000円…①
> 税務上の償却限度額：10,000,000円×0.334＝3,340,000円 …②
> 差引償却超過額：①－②＝660,000円

したがって，償却超過額660,000円は，申告調整により所得に加算することとなります。

なお，税務上，複写して販売するための原本となるソフトウェアの償却費の額は，企業会計上の取扱いと同様，減価償却資産となる原本となるソフトウェアから複写して実際に販売する棚卸資産であるソフトウェアの製造原価に含めないことができることとされています（法基通5‐1‐4(6)）。

2　自社利用のソフトウェア

　自社で利用するソフトウェアを購入した場合，それがパッケージソフト等の譲渡を受けたのか賃借なのかの区別が困難です。ソフトウェアそのものを取得した場合には，その取得したときに支払った対価をソフトウェアの取得価額として，自ら使用する一般的なものは5年，複写して販売する原本であれば3年，研究開発用は3年で償却をすることになります。一方，それが賃借であり，例えばその使用料を当初に2年分まとめて払う場合には，期間の経過に応じて費用計上していくことになります。

　ソフトウェアは，基本的には著作権そのものの譲渡ではなく，そのコピーされたものを相手側に引き渡すので，いわゆる使用許諾契約を締結することが多くあります。通常，パッケージソフトであれば，そのパッケージを購入しますが，実際にはそれは使用許諾契約に基づく使用許諾が付されるだけにすぎず，当事者間の契約形態は使用許諾契約と同様です。ソフトウェアという無形固定資産を取得したのか，それとも借りて使用料として支払っているのかの区分は，使用期間を経過した後に返却をする義務があるのかどうかによって判断することができます。

3　研究開発目的のソフトウェア

　また，特定の研究開発目的のためのソフトウェアの償却についても会計上と税務上の取扱いが異なります。

　会計上，特定の研究開発目的にのみ使用され，他の目的に使用できない機械装置や特許権等を取得した場合の原価は，その全額を取得時の研究開発費として処理することとされています（実務指針5）。

　一方，税務上の取扱いは，特定の研究開発目的にのみ使用される機械装置等であっても，減価償却資産として計上し償却することとなります。この場合，研究開発のためのいわば材料となるものであることが明らかなものは除き，ソ

フトウェアであれば耐用年数3年で償却されることになります（法基通7-1
-8の2，耐令別表第六）。

　したがって，会計上取得時に全額費用として計上した場合には税務上償却超
過額を申告調整（加算・留保）することとなります。

●法人税基本通達7-1-8の2　研究開発のためのソフトウェア

> 　法人が，特定の研究開発にのみ使用するため取得又は製作をしたソフトウェア
> （研究開発のためのいわば材料となるものであることが明らかなものを除く。）で
> あっても，当該ソフトウェアは減価償却資産に該当することに留意する。
> （注）当該ソフトウェアが耐用年数省令第2条第2号に規定する開発研究の用に
> 供されている場合には，耐用年数省令別表第六に掲げる耐用年数が適用されるこ
> とに留意する。

Q24　自社利用ソフトウェアの除却

　自社利用ソフトウェアの除却損は税務上損金として認められないケースが多いと聞きました。除却損を損金算入できるのはどのような場合でしょうか。当社は，以前は販売管理について専用のソフトウェアを使用していました（取得価額4,000万円，期首帳簿価額1,000万円）。当期において営業拠点の大幅な増設や閉鎖に伴い，経理業務などへの連動性の高いソフトウェアを新たに購入しました。使用しなくなった今までのソフトウェアについては除却損の計上は認められるでしょうか。

A ··

SUMMARY　今までのソフトウェアが全く使用されておらず，新しいソフトウェアが旧ソフトウェアをベースに改良されたものでないことが明らかである場合には，期首帳簿価額1,000万円の除却損の計上が認められます。

Reference　法基通7－7－2・7－7－2の2

DETAIL

　使用しなくなった固定資産について，解撤，破砕，廃棄等をしていない場合であっても，その使用を廃止し，今後通常の方法により事業の用に供する可能性がないと認められるものについては，有姿除却として除却損の計上が認められています（法基通7－7－2）。有姿除却とは，明らかに固定資産としての命数や使用価値が尽きているものについて現状有姿のまま除却処理をするということです。この場合，今後今までと同じ方法により事業の用に供する可能性がないかどうかについては，事実認定になりますが，その使用を廃止した時点における事後処理の方法などを勘案し今後使用の可能性があるかどうかを判断することになります。

●法人税基本通達7-7-2　有姿除却

> 　次に掲げるような固定資産については，たとえ当該資産につき解撤，破砕，廃棄等をしていない場合であっても，当該資産の帳簿価額からその処分見込価額を控除した金額を除却損として損金の額に算入することができるものとする。
> (1)　その使用を廃止し，今後通常の方法により事業の用に供する可能性がないと認められる固定資産
> (2)　特定の製品の生産のために専用されていた金型等で，当該製品の生産を中止したことにより将来使用される可能性のほとんどないことがその後の状況等からみて明らかなもの

　ただし，ソフトウェアは無形固定資産であり，上記の事実が客観的にわかりづらいといえます。ソフトウェアの場合の除却損の計上については，物理的な除却，廃棄，消滅等がない場合においても今後事業の用に供しないことが明らかな事実があるときは，税務上除却処理を認めています（法基通7-7-2の2）。

●法人税基本通達7-7-2の2　ソフトウェアの除却

> 　ソフトウェアにつき物理的な除却，廃棄，消滅等がない場合であっても，次に掲げるように当該ソフトウェアを今後事業の用に供しないことが明らかな事実があるときは，当該ソフトウェアの帳簿価額（処分見込価額がある場合には，これを控除した残額）を当該事実が生じた日の属する事業年度の損金の額に算入することができる。
> (1)　自社利用のソフトウェアについて，そのソフトウェアによるデータ処理の対象となる業務が廃止され，当該ソフトウェアを利用しなくなったことが明らかな場合，又はハードウェアやオペレーティングシステムの変更等によって他のソフトウェアを利用することになり，従来のソフトウェアを利用しなくなったことが明らかな場合
> (2)　複写して販売するための原本となるソフトウェアについて，新製品の出現，バージョンアップ等により，今後，販売を行わないことが社内りん議書，販売流通業者への通知文書等で明らかな場合

　したがって，新ソフトウェアの取得により旧ソフトウェアを全く使用しない場合には，税務上除却損の損金算入が認められます。ただし，新しいソフトウェアが今までのソフトウェアをベースに開発されたものである場合，ある一部のみ利用することが予定されている場合やデータのバックアップ等のために保存している場合については除却損の計上は認められません。

　また，平成23年度税制改正において陳腐化償却制度が廃止されています。陳腐化償却制度とは，会社の有する減価償却資産が技術の進歩その他の理由により著しく陳腐化した場合において，陳腐化償却限度額の範囲内で償却することができるものです（旧法令60の2）。なお，著しく陳腐化した場合とは，減価償却資産の使用可能期間が法定耐用年数よりもおおむね10％以上短くなった場合をいいます（旧法基通7‐4‐9）。

Ⅲ　消費税の取扱い

Q25　海外からのソフトウェアの借入れ

　　当社は，米国のＡ社からコンピュータのシステム書を借り入れること
とし，Ａ社と賃貸借契約を結びました。この場合の賃借料は，消費税の課
税の対象となるのでしょうか。なお，今取引は著作権等の借入れであり，
電気通信利用役務の提供には，該当しない取引です。

A ··

SUMMARY　コンピュータのソフトウェア等は著作権等に該当しますが，貸付け
を行う者の住所地が米国であるため，国外取引となり，消費税の課税対象外となり
ます。ソフトウェアが書類又は磁気テープ等として郵便により輸入される場合には，
その郵便物は課税貨物に該当することとなり，原則として消費税の課税対象となり
ます。

Reference　消法2・4・消令6①七

DETAIL

　消費税の課税対象となる取引は，国内において事業者が事業として対価を得
て行う資産の譲渡・貸付け，役務の提供と外国貨物の輸入です（消法2・4）。
企業会計上，「ソフトウェアとは，コンピュータを機能させるように指令を組
み合わせて表現したプログラム等をいう」とされています（注解一2）。さら
に著作権法において，著作物の例示に「プログラムの著作物」とあり，「プロ
グラム」は，「電子計算機を機能させて一の結果を得ることができるようにこ
れに対する指令を組み合わせたものとして表現したものをいう」（著作権法2
①十の二・10①九）と定義されています。コンピュータのシステム書などのソ
フトウェアは著作権等に該当するため，貸付けを行う者の住所地により，資産
の譲渡等が国内で行われたかどうかを判定することとなります（消法4③一，

消令6①七）。

　著作権等は特許権等と同様，法令に基づいて保護されるものですが，特許権等のように登録されるものではなく，資産の所在場所が客観的に明確ではありません。そこで客観的な判断を行うため，譲渡や貸付けを行う者の住所地により国内取引に該当するかどうかを判定します。したがって，貴社の場合は，A社が米国であるので国外取引となります。たとえ日本にA社の支店があり，その支店と交渉して契約書を締結した場合であってもA社の本社に代金を直接送金する場合には，貸付けを行う者は米国にあるA社の本社となります。

　この場合においてソフトウェアが書類又は磁気テープ等として郵便により輸入されるときには，その郵便物は課税貨物に該当することとなり，原則として外国貨物を引き取る際の消費税が課税されます。ただし，その郵便物の関税の課税価格の合計額が1万円以下である場合には，その引取りに係る消費税は免除されます（関税定率法14十八，輸入品に関する内国消費税の徴収等に関する法律13①一）。この場合において，ソフトウェアを記録している輸入媒体（CD-ROM等のキャリアメディア）の価格とソフトウェアの価格とが区別されているときには，輸入媒体の価格が関税の課税価格となります。

Q26 簡易課税制度における事業区分

　当社は，ソフトウェアの設計や制作を行っていますが，当社の事業は
消費税の簡易課税制度の適用上，第三種事業の製造業に該当すると考えて
よいでしょうか。また，パッケージソフトウェアをユーザーに販売する事
業も行う予定ですが，これについては第二種事業の小売業に該当するので
しょうか。

A ···

SUMMARY〉　課税売上高から仕入控除税額の計算を行うことができる簡易課税制
度の適用を受ける場合において，ソフトウェア業は第五種事業のサービス業に該当
します。

（Reference）　消法37，消令57，消基通13-2-4

DETAIL 〉

　消費税の納付税額は，課税期間ごとに課税売上げに対する税額から，課税仕
入れに含まれる税額と保税地域からの引取りに係る税額との合計額を差し引い
て計算しますが，その課税期間の前々事業年度（前々期）の課税売上高が5,000
万円以下で，簡易課税制度の適用を受ける旨の届出書を事前に提出している事
業者は，実際の課税仕入れ等の税額を計算せず，課税売上高に対する税額の一
定割合を仕入れに係る消費税額とすることができます。この一定割合をみなし
仕入率といい，売上げを卸売業，小売業，製造業等，サービス業等及びその他
の事業の５つに区分し，それぞれの区分ごとのみなし仕入率を適用します。み
なし仕入率の適用を受けるそれぞれの事業は，次のとおりです（消法37，消令
57）。

事業区分	みなし仕入率	該当する事業
第一種事業	90%	卸売業（他の者から購入した商品をその性質，形状を変更しないで他の事業者に対して販売する事業）をいいます。
第二種事業	80%	小売業（他の者から購入した商品をその性質，形状を変更しないで販売する事業で第一種事業以外のもの）をいいます。
第三種事業	70%	農業，林業，漁業，鉱業，建設業，製造業（製造小売業を含みます），電気業，ガス業，熱供給業及び水道業をいい，第一種事業，第二種事業に該当するもの及び加工賃その他これに類する料金を対価とする役務の提供を除きます。
第四種事業	60%	第一種事業，第二種事業，第三種事業，第五種事業及び第六種事業以外の事業をいい，具体的には，飲食店業などです。 　なお，第三種事業から除かれる加工賃その他これに類する料金を対価とする役務の提供を行う事業も第四種事業となります。
第五種事業	50%	運輸通信業，金融保険業^(注)，サービス業（飲食店業に該当する事業を除きます）をいい，第一種事業から第三種事業までの事業に該当する事業を除きます。
第六種事業	40%	不動産業^(注)

（注）　平成27年4月1日以後に開始する課税期間から，簡易課税制度のみなし仕入率について，従前の第四種事業のうち，金融業及び保険業を第五種事業とし，そのみなし仕入率を50％（従前60％）とするとともに，従前の第五種事業のうち，不動産業を第六種事業とし，そのみなし仕入率を40％（従前50％）とすることとされました。

　簡易課税の事業区分は，おおむね日本標準産業分類を基礎として判定しますが，第五種事業に該当するサービス業には，日本標準産業分類の大分類に掲げる情報通信業が含まれています（消基通13-2-4）。

　ソフトウェア業は日本標準産業分類の大分類では「G-情報通信業」（小分類では391）に該当するため，第五種事業のサービス業に該当することになります。

中分類「39情報サービス業」の細分類項目の内容は次のとおりです。

コード	項 目	内 容
3911	受託開発ソフトウェア業	顧客の委託により，電子計算機のプログラム作成及びその作成に関して，調査・分析・助言等を行う事業所をいいます。したがって，受託開発ソフトウェア業だけでなく，プログラム作成業・情報システム開発業・ソフトウェアの作成コンサルタント業が含まれます。
3912	組込みソフトウェア業	情報通信機械器具・輸送用機械器具・家庭用電気製品等に組み込まれ，機器の機能を実現するためのソフトウェアを作成する事業所をいいます。
3913	パッケージソフトウェア業	電子計算機のパッケージプログラムの作成及びその作成に関して，調査・分析・助言などを行う事業所をいいます。
3914	ゲームソフトウェア業	家庭用テレビゲーム機，携帯用電子ゲーム機，パーソナルコンピュータ等で用いるゲームソフトウェア（ゲームソフトウェアの一部を構成するプログラムを含みます）の作成及びその作成に関して，調査・分析・助言などを行う事業所をいいます。

　また，上記の通達のなお書きで，「日本標準産業分類の大分類の区分では製造業等，サービス業等……に該当することとなる事業であっても，他の者から購入した商品をその性質及び形状を変更しないで販売する事業は，第一種事業又は第二種事業に該当する」とされています。したがって，ソフトウェアのサブライセンス権を取得し，その権利に基づきソフトウェアを複写する場合には，この「性質及び形状を変更しないで販売する事業」に該当しないため，ソフトウェアの設計を外注先に依頼し設計させ，顧客に納品する事業も第五種事業に該当します。

第 3 章

のれん

I　合併等

Q27　のれんとは何か

　当社は，コスト削減を目的として，グループ法人を合併や会社分割な
どにより整備する予定ですが，合併すると法人税上「のれん」が生じると
聞きました。どのような場合にのれんが発生するのでしょうか。

A ···

SUMMARY　「税制非適格」に当たる合併，分割，現物出資及び事業譲受は，法
人税上，原則として受け入れる資産・負債を時価換算額で計上することから，これ
らの時価換算額による純資産価額と，対価として支払った額とに差額が生じること
があります。この差額が「資産調整勘定」（正ののれん）又は「差額負債調整勘定」
（負ののれん）とされます。なお，「税制適格」の場合は，のれんは発生しません。

Reference　法法62・62の8，法令123の10

DETAIL

1　一般的な「のれん」の定義

　のれんは超過収益力とも呼ばれ，他の企業との競争上優位となる源泉をいい
ます。のれんは，その企業が独自に形成（自己創設）した営業権[※]やブラン
ドなどの無形資産及び得意先やノウハウ等から構成されていると考えられ，第
三者から購入等しない限り，通常は資産計上されません。
　現時点では原則として，その企業が独自に形成（自己創設）したのれんにつ
いて，その資産価値の曖昧さ，妥当な算定方法等が不確立であること等により，
会計制度及び法人税において計上は認められていません。ただし例外的に，法
人税上の税制非適格の合併等を行う場合，このののれんが表面化されて計上され
ることがあります。

（※）営業権については **Q32・Q35**参照。

2　税制非適格の合併等による法人税上の「のれん」

　税制非適格（税制適格については，「関連解説３」参照）による合併等において，時価による受入処理をした場合で，時価純資産と支払対価（合併の場合は交付株式の時価）が一致しないときは，その差額は何であるかを把握して計上することになります。支払対価のほうが高い場合，その差額はいわゆる一般的なのれんに類似していると考えられることから，正ののれんとして計上し，支払対価のほうが低い場合は負ののれんとして計上することになります。

3　資産調整勘定・負債調整勘定

　上記２にいうのれんは，あくまで差額概念であることから，法人税上は「のれん」という名称ではなく，「資産調整勘定」「差額負債調整勘定」として，平成18年度税制改正において，明文化されました。

　これにより，税制非適格の合併等 (注) をした場合，その受入純資産価額と支払対価の差額がプラスであれば「資産調整勘定」（正ののれん），マイナスであれば「差額負債調整勘定」（負ののれん）とされます。

　例えば，合併にあたって，税制適格であれば法人税上の帳簿価額で受入処理しますが，税制非適格であれば時価で受入処理します。時価で受入処理するにあたっては，まず，受け入れる純資産を資本金等の増加額として認識し，次に，この増加額を各資産・負債に配分します。これにより残額があれば，それが資産調整勘定（又は差額負債調整勘定）となるわけです。

　なお，引き継いだ事業に係る退職給付引当金や将来発生する可能性の高い債務については，負債調整勘定として計上します。

(注) 合併等とは，合併のほか，分割，現物出資及び事業譲受のうち，その分割等の直前において経営していた事業とこれに係る主要な資産・負債のおおむね全部

が移転することをいいます（法法62・62の8，法令123の10）。

（1） 資産調整勘定

税制非適格の合併等により，被合併法人等から資産・負債の移転を受けた場合で，その合併等により交付した金銭等（支払対価）から移転を受けた資産・負債の時価純資産価額を差し引いた額を，資産調整勘定といいます（法法62の8①）。なお，引き継いだ債務には，法人税上の債務として認められていない退職給与債務引受額及び短期重要債務見込額を含みます（詳しくは後述します）。

受け入れた資産 （時価）	引き継いだ債務 （時価）
	退職給与債務引受額
	短期重要債務見込額
	支払対価 （交付した金銭・株式等）
資産調整勘定 （正ののれん）	

（2） 負債調整勘定

負債調整勘定は，以下のとおり区分されます。

① 退職給与債務引受額

これは，税制非適格の合併等により被合併法人等から引継ぎを受けた従業員に係る合併等の前までの在職等に基づく退職給与債務のうち，引き継いだ負担額をいいます（法法62の8②一）。法人税上は退職給付引当金の計上を認めていないため，この引受額は，一般に公正妥当と認められる会計処理の基準によるものとされます（合併等事業年度確定申告書に明細を添付する必要があります）（法令123の10⑦）。

② 短期重要債務見込額

　これは，税制非適格の合併等により被合併法人等から引き継いだ事業に係る債務のうち，現在は債務として明確に計上されていないものの，その事業に重大な影響を及ぼすもので，おおむね3年以内に発生する可能性が高く，受入資産の取得価額合計額の20％を超える場合の，その債務をいいます（法法62の8②二，法令123の10⑧）。

③ 差額負債調整勘定

　これは，税制非適格の合併等により，被合併法人等から資産・負債の移転を受けた場合で，その合併等により交付した金銭等（支払対価）から移転を受けた資産・負債の時価純資産価額を差し引いた額がマイナスになった場合の，その額をいいます（法法62の8③）。

受け入れた資産 （時価）	引き継いだ債務 （時価）
	退職給与債務引受額
	短期重要債務見込額
	差額負債調整勘定 （負ののれん）
	支払対価 （交付した金銭・株式等）

　なお，法人税上の負債ではなく上記①②にも該当しない賞与引当金や未払事業税は，資産調整勘定のマイナスか，又はこの差額負債調整勘定の構成要素となります。貸倒引当金のうち，金銭債権の評価上考慮されないもの（個別の債権の引当ではなく一般的な引当率等で計上される部分）も同様です。

4　資産調整勘定・負債調整勘定が発生しないケース

　税制適格の合併等を行う場合，法人税上の帳簿価額で資産・負債を受入処理することから，法人税上は資産調整勘定・負債調整勘定は発生しません。

5 完全支配関係（100％グループ）法人間の組織再編

　平成22年10月にグループ法人税制が導入され，資本関係が100％グループ内の法人に対する譲渡損益のうち，固定資産，土地等，売買目的以外の有価証券，金銭債権及び繰延資産で直前の（法人税上の）帳簿価額が1,000万円未満の資産等以外のものの譲渡に係るものは，グループ外へ移転等する時まで繰り延べることとなりました（法法61の13，法令122の14）。すなわち，土地等以外の棚卸資産や少額資産の譲渡は従来どおり譲渡損益を譲渡時に計上しますが，固定資産等で法人税上の帳簿価額が1,000万円以上の資産の譲渡は譲渡時には譲渡損益を計上せず，繰り延べることとなります。

　完全支配関係にある法人間の税制非適格の合併等においても譲渡と同じ取扱いになるため，被合併法人等における土地等以外の棚卸資産や少額資産の譲渡損益は繰り延べられませんが，固定資産等で法人税上の帳簿価額が1,000万円以上の資産の譲渡損益は繰り延べられることとなります。

　なお，自己創設のれんは帳簿価額がないことから，被合併法人等において譲渡益を認識しません。

関連解説

1 会計制度上ののれん

　会計制度上，合併や会社分割等により支出した対価につき，取得した資産・負債に配分し，さらに残額があれば，それがのれん（マイナス残の場合は負ののれん）とされます。

　会計制度上は，原則として，共同支配・共通支配下・投資の継続での組織再編であれば適正な帳簿価額で引継ぎ，それ以外の事実上の売買・投資の清算であればパーチェス法（時価で引継ぎ）で処理します（「企業結合に関する会計基準」「事業分離等に関する会計基準」平成25年9月13日）。

　税制非適格の合併等における法人税上の処理と会計制度上のパーチェス法とは，時価をベースとする点で類似した考え方をとっています。

会　計	法人税
のれん	資産調整勘定
負ののれん	差額負債調整勘定
退職給付引当金	退職給与負債調整勘定
企業結合に係る特定勘定	短期重要負債調整勘定

ただし，法人税特有の資産等超過差額（後述 **Q30**参照）の概念や，下記2のとおり，その算定方法や金額が常に一致するわけではありません。とはいうものの，会計制度上ののれんは配分残額であり，資産調整勘定は差額概念であることから，非常に似ています。

2　のれんの税効果会計

パーチェス法で処理された場合に生じる会計制度上ののれん・負ののれんは，支払対価から，取得した各資産・負債に対価を配分した残額であるとの考え方から，税効果会計の対象にはなりません。しかし，法人税上の資産調整勘定・負債調整勘定は，将来の法人税等の回収や支払が見込まれない場合を除き，繰延税金資産・繰延税金負債の計上の対象となりえます（「企業結合会計基準及び事業分離等会計基準に関する適用指針」72・378-3）。

資産調整勘定とは支払対価と時価純資産の差額であり，被合併法人の最終事業年度ではこの差額は（移転する資産負債の含み損益同様）課税所得として法人税等がかかります。この未払法人税等は合併法人に債務として引き継がれますが，資産調整勘定は会計制度上ののれんと異なり差額概念なので，負債である未払法人税等を引き継ぐということは，資産調整勘定にその額を含むこととなります。

資産調整勘定は5年で償却（後述 **Q36** DETAIL 1 参照）されることから，税効果会計が適用される場合，一時差異等として，資産調整勘定に係る繰延税金資産を計上することとなります。

（例）　被合併法人の資産・負債（会計上，法人税上の計上額が同額の場合）

　　　　資産　　　　　　　1,000

　　負債　　　　　　　300

　　支払対価　　　　　2,000

　　⇩

　合併法人に吸収される資産・負債（実効税率30％）

　　資産　　　　　　　1,000

　　負債　　　　　　　690（＝300＋（（2,000－（1,000－300））×30％））

　　資産調整勘定　※1,690（＝2,000－（1,000－690））

　※税効果会計による場合の会計処理

　　のれん　　　　　1,183（＝1,690－507）

　　繰延税金資産　　　507（＝1,690×30％）

　なお，非適格合併・非適格分割型分割においてみなし配当が発生する場合（支払対価＞被合併法人等の法人税上の資本金等の場合）のそのみなし配当に係る源泉税についても合併法人に引き継がれることから，上記の法人税等と同じく，資産調整勘定に含まれることとなります。

3　税制適格の合併・会社分割・現物出資の概要

　株式以外の金銭等の交付をしないこと（配当，反対株主から買取請求，合併法人が3分の2以上保有する場合の少数株主に交付するものを除く）を前提に，以下の要件を満たせば，原則として税制適格とされます。また，連続して再編する場合は，別途特例があります。

　ただし，包括的否認条項があるため，形式的な判断だけでなく実質的な判断が必要とされます。また，繰越欠損金の引継ぎや承継資産の譲渡等損失については別途要件が必要となります。

（1）　企業グループ内再編（再編後も支配関係が継続見込）

　①　完全支配関係（無対価合併等の場合は単一の者による100％支配に限る）

　（※）単独分割型分割で分割後に分割承継法人の完全支配関係が継続する見込みであるケース等を含む。

② 50％超持分関係

ただし，事業承継要件＋従業者引継要件＋継続事業要件（＝A）

（2）　共同事業を行うための再編（50％未満の持分関係）

上記A＋継続保有要件＋共同事業要件

（3）　要件の内容

① **事業承継要件（分割・現物出資）**

対象事業の主要資産・負債が承継されていること。

② **従業者引継要件**

対象事業の約80％の従業者が承継される予定であること。

③ **継続事業要件**

対象事業が承継法人で引き続き営業される予定であること。

④ **継続保有要件**

被合併法人等の50％超の株式を保有する企業グループの株主が原則として交付株式の全部を継続して保有する予定であること。

⑤ **共同事業要件**

事業関連性要件＋事業比率要件又は経営参画要件

事業関連性要件：（被合併法人の主要な）対象事業と承継法人の事業とが相互関連性を有すること。

事業比率要件：各事業の売上高・従業者数（合併では資本金も）などの比率が5倍を超えないこと（1要素クリアすればOK）。

経営参画要件：双方の常務以上等の役員が承継法人の常務以上等となること。

Q28　のれんの取得価額

当社Ａは，法人税上の非適格合併によりシェア70％の子会社Ｂ及び子会社Ｄ（Ｄのシェアは，当社の子会社であるＣ社が30％・当社が70％）を吸収合併する予定です。当グループ会社内では当社株式は交付しません。当社は消費税を税抜処理していますが，これにより発生するのれんの法人税上の取得価額は，どのように算定すればよいのでしょうか。なお，税効果会計の適用はありません。

〈合併前の子会社Ｂの B/S〉

- 資産　150（時価170）
- 負債　70（＝時価）

  （退職給与債務引受額・短期重要債務見込額を除く，未払法人税等を含む）

- 退職給付引当金　20（会計上の金額。割増退職金等を除く）
- 2 年以内のリストラ見込費用　40
- 子会社Ｂの30％株主に交付する当社の株式

  当社Ａ株式の時価5，交付株式数6

- 子会社における剰余金の配当は行わない。

〈合併前の子会社Ｄの B/S〉

- 資産　200（時価220）
- 負債　110（＝時価）

  （退職給与債務引受額・短期重要債務見込額を除く，未払法人税等を含む）

- 退職給付引当金　10（会計上の金額。割増退職金等を除く）
- 2 年以内のリストラ見込費用　20
- 子会社Ｃに交付する資産

  当社Ａ株式は交付せず，金銭を12支払う。

• 子会社における剰余金の配当は行わない。

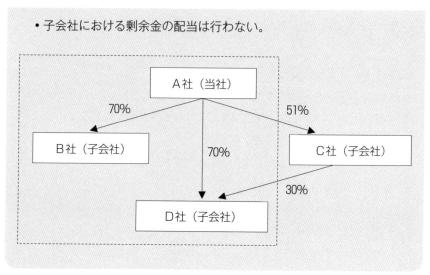

A

SUMMARY まず，子会社ごとに算定します（消費税は，合併であることから考慮する必要はありません）。

子会社Bの支払対価は，抱合株式（当社Aの持つ子会社B株式）にも当社A株式を交付するものとして，交付資産（親会社株式）をもとに算定します。

交付資産の価額＝A株式5×（6×100/30）＝100

受入資産の価額170－引継負債の価額70－退職給与債務引受額（退職給付引当金）20－短期重要債務見込額（2年以内のリストラ見込費用）40＝40

資産調整勘定＝100－40＝60

子会社Dの支払対価は，子会社Cに対して支払った12に該当する対価を当社Aにも支払うものとして算定します。

交付資産の価額＝12×100/30＝40

受入資産の価額220－引継負債の価額110－退職給与債務引受額（退職給付引当金）10＝100

なお，2年以内のリストラ見込費用は，受入資産のおおむね20％超ではない

ため，短期重要債務見込額とはなりません。

差額負債調整勘定＝100－40＝60

以上により，のれんは以下のとおりとなります。

資産調整勘定：60

負債調整勘定：退職給付引当金　30

短期重要債務見込額　40

差額負債調整勘定　60

Reference　法法62①・62の 8，法令 8 ①五・123の10⑦⑧，消法 2 ①8，消令 2 ①，

消基通 5 - 1 - 3 ～ 5 - 1 - 6

DETAIL

1　交付資産の算定方法

合併法人が被合併法人の株式を保有している場合（抱合株式がある場合）で，その株式に対して資産等の交付をしないときも，法人税上は，交付したものとして交付資産の価額を算定します（法法62①・62の 8 ①，法令 8 ①五）。

ただし，100％子会社を吸収合併する場合等で，被合併法人の株主に何ら交付しないときは，無対価として取り扱います。

なお，交付資産が受入純資産より明らかに過大と認められる場合，その過大部分については，法人税上寄附金又は資産等超過差額として，交付資産から除かれることがあります（後述 **Q29・30**参照）。

2　短期重要債務見込額

業務の効率化（コストの圧縮）を目的とした組織再編の場合などは，リストラに伴う多額のコストが発生する計画となっているケースが多くあります。このようなコストで発生額が見積り可能であり，引継事業への影響が非常に大き

く，3年以内に発生する見込みであれば，短期重要債務見込額として計上することとなります。

　また，係争中の事案を抱えたまま合併等する場合などで，近々損害賠償金を支払う和解に応じるような場合も，これに該当します。

　ただし，受入資産の取得価額のおおむね20％を超えない場合，短期重要債務として法人税上計上することはできません（法令123の10⑧）。

3　退職給付引当金

　法人税上は原則として退職給付引当金の計上は認められていませんが，税制非適格の合併等の受入処理においては一般に公正妥当と認められる会計処理の基準に従って算定される退職給付引当金を，法人税上も退職給与債務引受額として計上します（法法62の8②一，法令123の10⑦）。

　なお，合併等の後にリストラ等で早期退職を促すため割増退職金を支給することが見込まれている場合に，この割増分は退職給付引当金に計上することが認められていないため，一定の条件の下，短期重要債務見込額に計上します。

4　消費税の取扱い

　消費税は，原則として国内において行われる資産の譲渡等に対し課税されます。この場合の資産の譲渡等とは，事業として対価を得て行われる資産の譲渡・貸付け，役務の提供をいいます。代物弁済，負担付贈与，金銭以外の出資・金銭債権の譲渡等なども含まれますが，包括承継によるものは除きます（消法2①8，消令2①，消基通5-1-3〜5-1-6）。

　したがって，包括承継である合併・会社分割については消費税が課税されることはありませんから，資産調整勘定についても消費税を考慮する必要はありません。

　ただし，現物出資や事業譲受については，各資産において消費税を考慮する

必要があります。各資産には資産調整勘定も含みます。資産調整勘定は組織再編に伴う差額概念ですが，いわゆる一般的なのれんに類似しており，仮に事業譲渡の対象資産に資産調整勘定が含まれている場合，資産の譲渡に該当すると考えられ，消費税の課税資産として処理します（後述 **Q33**参照）。

Q29 寄附金とみなされる交付資産

当社は70%子会社Aを吸収合併する予定です。実は，当社と子会社A
の株価は乖離しており，本来であれば当社株式1に対しA社株式1.5株が
適正ではないかと思われます。しかし端株等の手続の煩雑さを避けるた
め，あえて1：1で合併しようと思います。

このような場合，法人税上ののれんについて，何か問題は生じますか。
なお，税効果会計の適用はありません。

〈合併前の子会社AのB/S〉
- 資産　150（時価170）
- 負債　100（＝時価）
  （退職給与債務引受額・短期重要債務見込額を除く，未払法人税等を
  含む）
- 退職給付引当金　20（会計上の金額。割増退職金等を除く）
- 2年以内のリストラ見込費用　40
- 子会社Aの30%株主に交付する当社の株式
  当社株式の時価5，交付株式数3（1：1.5であれば2）

A ···

SUMMARY 交付資産のうち，寄附金と認められる金額を除いて，のれん（資産
調整勘定）を算定することとなります。

ご質問の場合，表面上の処理としては，受入純資産は10（＝170－100－20－
40），交付資産は50（＝5×（3×10/3））となります。通常であれば，資産調整
勘定として40（＝50－（170－160））が計上されることになります。しかし，適
正な時価に基づけば，交付資産は33.333（＝5×（2×10/3））であるべきです。
そこで，差額の16.666（＝50－33.333）は寄附金とされ，法人税上ののれん（資
産調整勘定）は40ではなく23.333となります。

Reference 法法62・62の8①

1　寄附金

　受入純資産等の価値（のれんを含む）と交付資産（支払対価）は同額であるべきですが，純資産の時価と交付資産の時価は，法人税上必ずしも明確ではありません。とはいえ，事業価値として明らかに乖離が認められる場合，その理由によっては，事実上の寄附とみなされることがあります。

　本問の場合，合併法人において，適正な資産調整勘定が23.333であると明確であるにもかかわらず40とした場合，資産調整勘定は5年間で損金算入される（後述 **Q36**参照）ため，いずれ40の全額が損金算入されることとなります。しかし，適正な資産調整勘定が23.333である以上，これは課税上弊害が生じているといえます。そこで，差額の16.666は寄附金として損金の一部不算入規定の適用を受けることとなります。

　なお，被合併法人においては，資産の含み益20のほか，譲渡益が通常では40計上されますが，このうち16.666が寄附金とみなされても譲渡益が受贈益となるだけで，法人税上の所得は変わりません（法法62・62の8①）。

2　資産等超過差額

　資産調整勘定には，本問のような寄附金や，後述の資産等超過差額は含まれません。

関連解説

交付資産（支払対価）

　会社分割により子会社を設立（分社型分割）し，ただちにその子会社を第三者に譲渡する場合において，子会社に移した資産等は，法人税上は譲渡を予定して分割することから非適格分割とされ，時価で引き継ぐこととなります。

　この分割による交付資産（支払対価）はその直後の子会社株式の譲渡価額と

同額と考えられます。この譲渡価額が子会社の時価純資産より高ければ，子会社においてその差額は資産調整勘定（借方）となり，資本金等（貸方）が増額されます。

　この第三者への譲渡価額が適正な時価より高いとされれば，子会社を購入した法人（親会社）においては子会社株式の取得価額のうち不適正とされた額が寄附金とされ，子会社においては法人税上の資産調整勘定と資本金等のうち，その寄附金とされた額が減額されることとなります。

　なお，親会社においてこのような寄附金課税が生じた場合は，親会社だけでなく子会社の処理にも影響が生じることから，親会社は子会社に修正内容を伝える必要が生じます。

Q30　資産等超過差額

当社は70%子会社Ａを吸収合併する予定ですが，Ａ社は長年，債務超過状態にあります。しかし，残り30%のシェアを持つ少数株主に対し，交付資産をなしとするわけにはいかず，当社株式を割り当てることとなります。

このような場合，法人税上ののれんについて，何か問題は生じますか。なお，税効果会計の適用はありません。

〈合併前の子会社Ａの B/S〉

- 資産　160（＝時価）
- 負債　250（＝時価，未払法人税等を含む）
- 法人税上の欠損金　70
- 子会社Ａの30%株主に交付する当社の株式
  当社株式の時価５，交付株式数３

A ···

SUMMARY　交付資産のうち，資産等超過差額と認められる金額を除いて，のれん（資産調整勘定）を算定することとなります。

法人税上の欠損金額は70であることから資産等超過額は70，のれん（資産調整勘定）は70となります。

Reference　法法62の8①，法令123の10④〜⑥，法規27の16①

DETAIL

1　算定方法

本問の場合，受入純資産は△90（＝160－250）ですが，交付資産は50（＝5×（3×10/3））となります。通常であれば，資産調整勘定として140（＝50－（160－250））が計上されることになります。しかし，資産等超過差額と認めら

れる額が70あることから，差額の70が資産調整勘定の金額となります。

2　資産等超過差額とは

資産等超過差額には，以下の2つがあります。

（1）　欠損金額がある場合

資産調整勘定は本来的な性質はいわゆる一般的なのれんに類似していることから，おおむね超過収益力からなると考えられます。

ところで，債務超過状態が続いている会社において，超過収益力たるのれんが存在する可能性は極めて低いと一般的には考えられます。

通常であればこの140は，被合併法人等において，譲渡益として課税され，合併法人等においては5年間で償却されます（後述 **Q36**参照）。しかし，このうち欠損金額からなる部分は，あたかも被合併法人等から合併法人等に引き継がれたように見えます。すなわち，合併法人が期限切れの繰越欠損金を利用することを目的としてこのような合併等をしたとして，課税上弊害が生じているとみなされるわけです。

そこで，合併等により見込まれる収益の状況等からみて，実質的に欠損金額（合併等した事業によって補填される部分を除きます）からなる部分があると認められれば，それは資産調整勘定から除かれて資産等超過差額とされます（法法62の8①，法令123の10④〜⑥，法規27の16①二）。

受け入れた資産	160	引き継いだ負債	250
欠損金 （資産等超過差額）	70		
資産調整勘定	70	支払対価	50

（2）　契約時と実行時の交付資産に乖離がある場合

　合併等の契約時と実際の実行時までの期間に何らかの事象が生じる等により，交付資産の時価が，契約時に比べ実行時に高騰することがあります。この差異が著しいとされる場合等は，資産等超過差額として合併法人等に引き継ぎます。

　具体的には，税制非適格の合併等において，交付資産（支払対価）の合併等の時点における価額が，合併等の契約時における価額の2倍超となった場合，合併等の時点における価額から，合併等の対象となる事業の適正価値を控除した残額が，資産等超過差額とされます（法法62の8①，法令123の10④〜⑥，法規27の16①一イ）。

　適正な事業価値が不明な場合は，交付資産の合併等の時点における価額から，契約時における価額（時価純資産が契約時の価額を超える場合は時価純資産額）を控除した残額とします（法規27の16①一ロ）。

受け入れた資産	引き継いだ負債	契約時の支払対価
資産調整勘定		
資産等超過差額	交付時の支払対価	

3　資産計上

　この資産等超過差額は，資産調整勘定や寄附金とは別に処理され，法人税上資産計上されます。

　償却等の取扱いは，法令上明確な定めがないことから，合併法人等が解散等するまで原則として資産計上されたままになると考えられています。

Q31 付随費用

当社は，同業者の子会社を吸収合併しました。このM&Aにあたって，銀行へのアドバイザリーフィーやコンサルティング会社へのデューデリジェンス及び株価算定報酬を支払っています。この諸経費は，のれんの算定に含める必要がありますか。

A ··

SUMMARY〉 資産調整勘定に含める必要はありません。

Reference 法法62の8，法令119①，企業結合に関する会計基準26

DETAIL 〉

1 資産調整勘定と会計上ののれん

資産調整勘定は，前述 **Q27・Q28**の DETAIL のとおりに算定されます。これによれば，合併等の付随費用は資産調整勘定には加算されません（法法62の8）。また，吸収合併の諸経費に関する規定は特にありません。したがって，法人税上は原則として，損金算入の対象になると考えられます。

会計制度上は，平成25年9月13日に基準が改正され，平成27年4月1日以後開始する事業年度の期首から，合併や会社分割等といった事業を「直接的」に受入れる場合に，外部のアドバイザー等に支払った特定の報酬・手数料等は，発生した事業年度の費用にすることとされています（企業結合に関する会計基準26）。

この改正の前は，会計制度上は資産計上することとされていたことから（のれんに含める），法人税上も（損金経理できないため）資産計上せざるをえないと考えられていましたが，この改正により会計制度上は経費処理することとなったため，資産調整勘定に含める等の特例がない以上，法人税上も損金算入することになると考えられます。

2　子会社株式等として取得する場合

　この会社を吸収合併ではなく「株式」として取得する（この会社を子会社化する）場合，これらの費用は株式の取得に要した費用としてその株式の取得価額に加算されます（法令119①）。

　なお，会計制度上（個別財務諸表に限ります）においても取得価額に含めることとなります。

3　吸収分割により実質的に株式を取得する場合

　会社分割した分割元の会社が，分割した事業を承継した会社がその吸収分割により発行した株式を（分割前はほとんど所有していなかったにもかかわらず）その支配権を有するほど取得した場合，分割事業を対価として承継する会社の株式を取得したように見えます。このような場合，これらの費用は，分割のための費用ではなく承継する会社の株式の取得のための費用と考えられます。

Ⅱ 事業譲受・事業譲渡

Q32 のれんの内訳（独立した資産として取引される慣習のある営業権とは）

当社は，当社に関連する事業を，同業他社から買収しました。これにより，以下の処理を予定していますが，このM＆Aで評価された無形固定資産は，すべて営業権として計上してよいでしょうか。

なお，消費税は税込処理しています。

買収価額　　700

	帳簿価額	時価
現金預金・営業債権	400	400
土地・建物	300	320
営業権	0	400
債務（未払法人税等を含む）	420	420

A

SUMMARY〉 営業権について，独立した資産として取引される慣習のあるものであれば，資産調整勘定から除いて営業権として計上します。その場合，営業権の時価が400であれば，資産調整勘定は0となります。

独立した資産として取引される慣習のないものであれば，たとえ会計処理上，営業権として計上していても，法人税上は資産調整勘定400として処理します。

Reference〉 法法62の8①，法令123の10③，企業結合に関する会計基準29

DETAIL〉

1 営業権とは

最高裁判例（昭和51年7月13日）において，「営業権とは，当該企業の長年

にわたる伝統と社会的信用，立地条件，特殊の製造技術および特殊の取引関係
の存在ならびに独占性等を総合した，他の企業を上回る企業収益を獲得するこ
とができる，無形の財産的価値を有する事実関係である」という考え方が示さ
れています。これによれば，営業権は超過収益力でありのれんであるとも考え
られ，資産調整勘定にも類似しています。従来，暖簾（のれん）と営業権とは同じ概念で
したが，会計制度の改正により，差額概念としての「のれん」が規定されまし
た。また，法人税上も合併等の処理が改正され，「資産調整勘定」等が規定さ
れました。ただし営業権とのれんの違いは定義されておらず，両者を別のもの
とするかも不明です。

2　独立した資産として取引される慣習のある営業権との違い

　のれんと資産調整勘定は両方ともに差額概念ですが（**Q27**参照），資産調整
勘定やのれんと，「独立した資産として取引される慣習のある」営業権（後述
7参照）については，別のものと考えられます（法法62の8①，法令123の10
③）。
　買収対象事業の時価純資産より買収価額が高ければ，その差額は，寄附金等
に該当しない限り，簿外の何らかの無形資産であると，基本的には考えられま
す。この差額のうち，「独立した資産として取引される慣習のある」営業権が
含まれているのであれば，それは別途営業権として計上することとなり，さら
に差額が残っていて，他に無形資産がなければ，その残額がのれんや資産調整
勘定となります。

3　資産調整勘定の計算

　本問において，営業権が独立した資産として取引される慣習のあるものであ
れば，支払対価700を各資産及び営業権に振り分けます。その結果，営業権と
しての時価が400であるなら，資産調整勘定は 0（＝700－（400＋320＋400－

420））となります。

「独立した資産として取引される慣習のある」営業権でなければ，資産調整勘定は400（＝700－（400+320－420））となります。

4 会計処理

パーチェス法（**Q27**関連解説 1 参照）で処理する場合，「受け入れた資産に法律上の権利など分離して譲渡可能な無形資産が含まれる場合には，当該無形資産は識別可能なものとして取り扱う」（企業結合に関する会計基準29）こととなります。したがって，支払対価を各資産等に配分するにあたって，分離譲渡可能な特許権・商標権・営業権などがあれば，これらはのれんではなく各資産として分離して計上することとなります。

「独立した資産として取引される慣習のある」営業権であれば，おおむね「分離して譲渡可能」であると考えられることから，会計上も分離して計上されることになります。

5 営業権の取引価額

M＆Aにおいて会社や事業の買収価額を算定するにあたり，DCF法（その事業等から生じるキャッシュフローの割引現在価値）やマルチプル法（類似企業で上場企業等の株価等を EBITDA（経常的な税引前利益に支払利息・減価償却費を加算した額）等の指標で比較して評価会社の価値を算定する）などで算定しているケースが多くみられます。

吸収合併や事業譲受等の場合，この買収価額を，その会社や事業に係る各資産・負債（識別可能な資産・負債）の時価で配分して受入処理します。独立した資産として取引される慣習のある営業権や無形資産（ノウハウ・顧客リスト・特許で保護されていない技術・データベース・研究開発の成果など）について，他の資産と同様に識別可能な資産として認識していれば，その価額を評

価して営業権や無形資産として計上します。その事業の買収価額（価値）と，その事業に係る資産等（このような識別可能な営業権や無形資産を含みます）の時価総額（含み益を含みます）との差額がある場合は，その残額がのれん（超過収益力）となります。知財やコンテンツ等を元に高い成長性が見込まれるベンチャー事業が会計上計上されている資産等の価値を超えて高い価額で譲渡される場合など，現在の会計制度上計上できない自己創設のれんが顕在化して高く評価されることもあります。

　ところで，この識別可能な営業権や無形資産が，独立した資産として取引される慣習のあるものであっても，マーケット等による時価があるケースは，特定のライセンス契約などごく一部です。識別可能な営業権や無形資産について市場価格が不明な場合は合理的な算定方法により算出しなければならず，DCF等による評価額をこれらの価額としているケースが多くみられます。これは会計制度上の処理ですが，法人税上の時価計上についても，これを踏襲しています。

　DCF等の評価額は恣意性が入りやすく，またDCF等による評価額が事業価値を評価したものなのか無形資産を評価したものなのか線引きが恣意的にならざるを得ないため，残額としてののれんの評価額にも恣意性が残ってしまいます。すなわち，営業権や無形資産の評価額を調整することで，のれんの価額を増減することができてしまいます。そこで，法人税上の営業権や無形資産の評価額の算定にあたっては，恣意性について十分考慮する必要があると考えられます（**Q42** DETAIL **3**参照）。

6　評価額の問題

（1）恣意性

　その企業が自社で形成（自己創設）し独立した資産として取引される慣習のある営業権を事業譲渡等によって計上した場合，事業譲渡側の法人は含み益の実現として課税されますが，事業譲受側の法人は5年間で償却されます。

　仮に，譲渡側の法人に法人税上の欠損金があり，この営業権の譲渡益により
その欠損金が通算され，譲受側の法人は営業権を計上し5年間で償却すれば，
この営業権相当額の欠損金があたかも譲渡側の法人から譲受側の法人に移動し
たように見られる可能性があります。

（2）計上すべきか

　グループ内の会社間の事業譲渡で，譲渡対象の事業に営業権があるにもかか
わらず評価しなければ，譲渡側の法人の譲渡益の計上もれとされる可能性もあ
ります。
　したがって，現時点では，納税者側で計上しない場合はその根拠や判断経緯
を，計上する場合はその評価額が適正であることの算定根拠を明確にするなど
の理論武装等が必要です。

7　減価償却資産としての営業権

　法人税上は減価償却資産としての営業権については，通達に例示されていま
す。
　すなわち，「繊維工業における織機の登録権利，許可漁業の出漁権，タク
シー業のいわゆるナンバー権のように，法令の規定，行政官庁の指導等による
規制に基づく登録，認可，許可，割当て等の権利を取得するために支出する費
用は，営業権に該当する」としています。また，このような権利に係る事業を
廃止する者に対して残存する業者が補償金を負担するような場合，その費用は
その権利を維持・保全するためのものであり営業権とする，としています（法
基通7-1-5）。
　このような営業権については，資産として区分計上可能なものと考えること
ができます。
　なお，従来，営業権として認識可能だった権利が，法改正や規制緩和・商慣
習の変更等により，存在しなくなってしまうことがあります。例えば内航海運

業のいわゆる建造引当権について，平成10年に船腹調整事業が廃止されたため，本通達の営業権からは外されています。

8　消費税の取扱い

独立した資産として取引される慣習のある営業権は無形固定資産として計上します。合併や会社分割では消費税は認識しませんが，事業譲受等においては他の資産と同様に消費税を認識する必要があります（前述 **Q28** DETAIL 4参照）。

Q33 資産譲渡との違い

当社は，親会社が100%出資して設立したばかりの新会社です。このたび，親会社が70%のシェアを持つ兄弟会社から，一部の事業に係る資産・負債を譲受することとなりました。のれんは必ず計上しなければならないものなのでしょうか。また，消費税の取扱いはどのようになりますか。

A ··

SUMMARY〉 事業の譲受であれば，原則としてのれんは存在すると考えられます。また，消費税上のれんは課税取引となります。

（Reference） 消令2①

DETAIL 〉

1 事業とは

法人税上も会社法上も，「事業」に関する定義はありません。会社法制定前の商法においては「営業」という用語が使用されていましたが，会社法においては営業と同義語で事業という言葉を使用しています。したがって，この「営業」と現在の「事業」は同義語と解するものと考えられています。「営業」とは最高裁の判例（昭和40年9月22日）により「一定の営業目的のため組織化され，有機的一体として機能する財産（得意先関係等の経済的価値のある事実関係を含む。）の全部または重要な一部」であると通常理解されており，したがって，「事業」についても同様の認識がとられています。

なお，事業の譲渡とは同判例により，事業「を譲渡し，これによって，譲渡会社がその財産によって営んでいた営業的活動の全部または重要な一部を譲受人に受け継がせ，譲渡会社がその譲渡の限度に応じ法律上当然に同法25条（現在の商法16条）に定める競業避止義務を負う結果を伴うものをいうもの」と定義されています。

2 財産譲渡とは

事業の譲渡が「有機的一体」であることに比べ，財産の譲渡とは，分離した個々の資産の譲渡にほかなりません。

したがって，本問の「一部の事業に係る資産・負債」が事業譲渡なのか，財産譲渡なのかは，その事業に係る主要な資産・負債のほか，主要取引先の引継ぎ，各種契約，重要情報，インフラ網，スタッフ等の移動を伴うかどうか等の実態をもとに判断する必要があります。

なお，単なる財産譲渡で，経済的合理性のある理由によりプレミアムをつけて時価より高額で取得している場合は，これはのれんではなく単にその財産を高額で買収していただけ，ということになります。

3 のれんの有無

財産譲渡であればのれんは発生せず，法人税上の資産調整勘定も計上されません。

事業譲渡であれば単なる財産譲渡ではなく，事業として利益を生む「有機的一体」の譲渡であるため，事業としての価値がそこにあると考えられます。したがって，基本的にのれんは存在すると考えられ，譲渡の対象となりえます。

ただし，利益が生じていない事業の場合，はたしてのれんが本当に存在するかは不明です。なお，譲渡時に赤字事業であっても将来性やシナジー効果等を期待して，買収後の再構築（事業の立て直し）を見込んで，引き継ぐ資産等より安く事業譲受することがありますが，このようなケースでは負ののれんが計上されることがあります（**Q32** DETAIL ⟩5・6参照）。

4 消費税の取扱い

消費税においては，包括承継（合併・分割）においてのみ，非課税の規定が

あります。そこで，事業譲渡の場合は，対象となる各資産について，資産ごとに消費税の課否判断を行うこととなります（消令2①四）。

消費税においては現在，資産調整勘定について特に触れられていません。

ただし，その性格がのれんに近いものとして取引の対価に含まれていると考えられることから（前述 Q28 DETAIL　4参照），無形固定資産の1つとして譲渡がなされていると考えられます。したがって，事業譲渡の場合の資産調整勘定は，課税取引となります。

5　金銭を対価とする分割

事業譲渡と似ている手法として，株式を交付せず金銭を交付する会社分割があります。会社分割なので包括承継となり，消費税はかかりません。

Q34　売　　却

当社は金融機関からの助言により，事業の一部を第三者に譲渡することになりました。

譲渡する事業の譲渡対価より，この事業に係る各資産の時価の合計額は低く，その差額はのれんの売却とする予定であり，購入する側ものれんを認識しています。なお，独立した資産として取引される慣習のある営業権や無形資産はありません。

この場合の法人税・消費税の処理を教えてください。

- 土地　　　　　帳簿価額　70　　時価　120
- その他の資産　帳簿価額　100　　時価　100　（すべて課税売上）
- 負債　　　　　帳簿価額　20　　時価　 20
- 売却価額　320（消費税込）

A

SUMMARY　売却価額から，譲渡する事業に係る資産・負債の差額である純資産の帳簿価額を差し引いた残額が，自己創設したのれんの譲渡益であり，法人税上の益金となります。消費税には事業譲渡の概念がないため個々の資産の譲渡となり，差額概念であるのれんの譲渡も課税売上げとなります。

本問のケースでは，時価純資産額が200（＝120＋100－20），資産の消費税は10（＝その他の資産の時価100×10%）であることから，差額の110（＝320－（200＋10））が，税込みののれんの譲渡価額になります。会計仕訳は以下のとおりとなります。

（借）現　金　預　金　320　（貸）土　　　　　　地　　70
　　　負　　　　　債　 20　　　　その他の資産　100
　　　　　　　　　　　　　　　　仮　受　消　費　税　 20
　　　　　　　　　　　　　　　　（＝100×10%＋110/1.1×10%）
　　　　　　　　　　　　　　　　土　地　売　却　益　 50
　　　　　　　　　　　　　　　　事　業　譲　渡　益　100
　　　　　　　　　　　　　　　　（のれん譲渡額）

130

(Reference) 消令45③

DETAIL ▷

1 事業譲渡の対象資産

事業の譲渡においては，帳簿上に計上されている資産だけではなく，簿外の無形資産や超過収益力（ノウハウ・ブランド・営業権等）についても譲渡の対象となります。法人税上は，それらの無形資産等も適正な時価で譲渡したものとして，その損益を計上します。

消費税上はもともと事業譲渡の概念がないことから，事業の譲渡ではなく課税資産と非課税資産を一括して譲渡したものと考えます。したがって，課税資産と非課税資産のそれぞれの対価を合理的に区分する必要が生じます。

本問における課税対象となる対価の額は，その他の資産100とのれん100となります。仮に，合理的に区分されていない場合は，課税資産の価額と非課税資産の価額の割合で計上することとなります（消令45③）。

2 適正な時価について

事業譲渡するにあたって，純資産方式で評価する場合，まず，その評価のベースとなった各資産・負債を時価評価します。資産については，帳簿上の資産のほか，独立した資産として取引される営業権等やノウハウ等の無形資産も評価の対象とします。負債については，将来発生する可能性が高い潜在債務（損失や引当金等）や簿外債務についても評価します。長期債務を現在価値に評価し直すこともあります。そのうえで，時価純資産額と売却価額に差額がある場合には，本来はそれがのれんです（**Q32** DETAIL ▷ **5**参照）。

ただし，恣意的な売却価額により，経済的合理性のない差額であれば，それはのれんではなく，利益供与ともとれます。例えば，グループ会社間において，超過収益力が明確にあり得ないような事業に高額なのれんを付して譲渡し，譲

渡側の法人税上の繰越欠損金をその譲渡益と相殺するとともに、譲受側におい
てのれん（資産調整勘定）を償却して損金算入するような場合、あたかも欠損
金が移動したような効果が生じることから、法人税等を不当に安くしている、
とみなされるケースもありえます。このような場合、譲受側は受贈益となり、
譲渡側は寄附金となります（前述 **Q29** DETAIL 参照）。

3　負ののれん

　本問で、売却価額が174の場合、負ののれんが生じることとなります。

【譲渡側】

（借）現　金　預　金	174	（貸）土　　　　　　　地	70
負　　　　　　債	20	そ の 他 の 資 産	100
事 業 譲 渡 損	26	土 地 売 却 益	50

　この場合、事業の譲渡価額はマイナス26となり、消費税の課税対象は、その
他の資産だけとなります。消費税上は、土地とその他の資産を、194（174＋
20）で譲渡したものと考えられるため、消費税の課税資産の対価の額を、按分
して算出することとなります（消令45③）。

$$譲渡価額194 \times \frac{課税資産の価額100}{非課税資産の価額120 + 課税資産の価額100} = 88$$

　これにより、消費税の課税売上は、80（88/1.1）となります。

【譲受側】

（借）土　　　　　　　地	120	（貸）現　金　預　金	174
そ の 他 の 資 産	100	負　　　　　　債	20
		負 の の れ ん	26

　一方、事業の譲受側は、負ののれんを計上することとなり、会計上は一時の
収益となりますが、法人税上は負債調整勘定に計上し、5年間で取崩益を計上
することとなります。その他の資産の取得価額は100ですが、消費税の課税仕
入の対象となるのは80となります。

Ⅲ　グループ通算制度

Q35　グループ通算制度・自己創設のれんの償却

　当社はグループ通算制度の適用を受けており，今期に第三者から金銭で買収した100%子会社もグループ通算制度の対象となります。経営上の理由により，この子会社株式の一部を３年後に譲渡する予定であることから，時価評価する必要があります。この子会社の資産時価総額から負債時価総額を控除した時価純資産額より買収価額のほうが高いのですが，この差額はのれんに該当しますか。

　なお，当社の資本金等は１億円，この子会社の資本金等は5,000万円です。

A ....

SUMMARY　時価純資産額と買収価額の差額は，税制非適格の合併等によって生じる資産調整勘定ではなく，超過収益力としての自己創設のれんと考えられます。なお，この子会社において買収前の過去の税制非適格株式交換等によりのれんが法人税上の帳簿価額で1,000万円以上の額で計上されていなければ，改めてのれんを計上する必要はありません。

Reference　法法64の12，法令131の16

DETAIL

1　グループ通算制度の時価評価

　通常，買収側の法人は，被買収法人の株式を取得価額で帳簿上計上し，被買収法人は，単に株主が変更になっただけの処理となります。しかし，被買収法人がグループ通算制度に加入する場合で，完全支配関係の継続が見込まれていないときは，以下の資産を時価評価し，含み損益につき課税を受けることとな

ります。

時価評価の対象資産

　固定資産・土地等・売買目的外有価証券・金銭債権・繰延資産。ただし，帳簿価額が1,000万円未満のもの・含み益が1,000万円（その子会社の資本金等が2,000万円未満の場合はその資本金等の50％）未満のもの・清算中の法人等の株式の含み損等を除く（法法64の12，法令131の16）。

2　合併等とグループ通算制度ののれんの違い

　被買収法人の株式を被買収法人の時価純資産額より高い価額で買収した場合で，その買収価額が適正な価額であれば，この差額は超過収益力としてののれんであると考えられます。

　グループ通算制度においては資産調整勘定という考え方はありません（関連解説2ご参照）。あくまで時価と買収価額の差額であり，差額があればこれは被買収法人における超過収益力としての自己創設のれんであると認識します。

　なお，前述**Q32**における「独立した資産として取引される慣習のある」・「分離して譲渡可能な」営業権や無形資産があれば，のれんとは別の資産として認識します。

3　被買収法人におけるのれん

（1）加入時

　被買収法人にとってこののれんは自己創設のれんです。自己創設のれんについては現行の会計制度および法人税において計上が認められていないため，通常は帳簿価額は0円となっています。したがって，自己創設のれんは，グループ通算制度加入時の時価評価において計上する必要はありません。

　ただし，平成29年10月1日より前に，連結納税に加入する場合や税制非適格株式交換をする場合には，時価評価を要する資産としては，帳簿価額が1,000

万円以上の規定がなく，含み益が1,000万円以上（資本金等が2,000万円未満の場合は資本金等の2分の1以上）の固定資産等であったため，この旧税法により自己創設のれんを計上しなければならない可能性がありました。

仮に当時の株式交換等により自己創設のれんを1,000万円以上で計上している場合は，今回の買収時においても改めて時価評価する必要が生じます。

（2）離脱時

グループ通算制度からの離脱等に伴い，一定の場合に時価評価する必要が生じることがあり，この場合，帳簿価額1,000万円未満の「営業権」であっても時価評価の対象とすることになります（令和4年度税制改正大綱より）。

4 償　却

上記3の旧税法により計上された自己創設のれんは，法人税において計上されたものであるため，仮に会計上計上されていなくても，法人税上は償却費を計上することとなります（法法31⑤，法令61の4四）。なお，自己創設のれんで資産調整勘定とされないものの償却期間の規定はありませんが，実質的にはその性質上資産調整勘定に類似するものであることから，償却期間は5年間と考えられます（詳しくは後述 Q36 DETAIL 1 参照）。

関連解説

1　本件において，会計制度上，親・子会社それぞれの個別財務諸表では，のれんは生じません。

のれんが生じるのは，連結財務諸表において，子会社株式の取得価額（取得時の時価。付随費用を除きます）と子会社の簿価純資産（時価純資産と簿価純資産の差額を子会社の資本とした修正後の簿価純資産）とを相殺し，差額が生じた時にそれがのれん（又は負ののれん）とされます（連結財務諸表に関する会計基準20〜24）。

2　グループ通算制度を適用している会社（通算親法人）が，子会社となる会社（通算子法人）を買収したとき，その買収価額がその通算子法人の簿価純資産より高い価額であっても，完全支配関係の継続が見込まれている場合は，通算親法人における通算子法人株式の帳簿価額は，買収価額ではなく簿価純資産とされます。

　このようなケースで通算子法人を売却すると，売却損益は，譲渡価額から簿価純資産を差引した額となり，買収価額と簿価純資産の差額（子法人の自己創設のれんを含む買収プレミアム）を売却損益に反映することができなくなってしまいます。

　そこで，令和4年度改正で，この買収プレミアム（買収時に非適格合併したとしたら資産調整勘定等として計算される金額）につき，法人税申告書等に明細書を添付等することで，「資産調整勘定等対応金額」として売却する通算子法人株式の帳簿価額に加算することができる，とされました。

ちなみに，資産調整勘定ではないため，償却はしないこととされます。

Ⅳ　減価償却・評価損・取崩し

Q36　未償却残高

　　当社は，２年前に非適格合併により子会社を吸収し，現在まだ当時の
のれんが償却しきれず残額が計上されています。このたび，当社が親会社
に非適格で吸収合併されることになりましたが，２年前ののれんの残額
は，引き続き償却していくことになるのでしょうか。

A ···

SUMMARY　このれんが資産調整勘定であれば，合併時に残額をすべて取り崩
して損金に計上することになります。独立した資産として取引される慣習のある営
業権であれば，合併時に再度時価評価し直すことになります。

Reference　法法62の8・31①，法令13①ハ・48①四・123の10⑫，耐令別表第三

DETAIL

1　資産調整勘定の償却

　資産調整勘定は，原則として５年間で均等償却します。具体的には，資産調
整勘定を60で割って当期の月数（合併等の日の属する事業年度においては，そ
の日から事業年度終了の日までの月数）を乗じた額を償却することとなります。
　ただし，償却の途中で，非適格合併により吸収される場合は，合併の前日付
で残額のすべてを一時に償却します。これは，今回の合併により過去の資産調
整勘定が清算され，改めて資産調整勘定を算定することになるからです。
　ちなみに，合併が税制適格合併であれば，時価の算定し直しはしないことか
ら，資産調整勘定は法人税上の帳簿価額を合併法人にそのまま引き継いで，引
き続き償却することとなります。
　なお，法人税上は強制償却なので，任意で償却額を調整することはできませ

ん。会計上の処理があってもなくても，損金算入されることとなります（法法62の8④）。

2　営業権の償却

　独立した資産として取引される慣習のある営業権は，法人税上の減価償却資産であり，法定償却方法は定額法，法定耐用年数は5年です。また，資産調整勘定とは異なり，償却限度額までは任意の償却額を損金計上できます（法法31①，法令13①八・48①四，耐令別表第三）。

　税制非適格合併の場合は，時価で受入処理するため，この営業権も他の資産等と同様に，時価で受入処理します。したがって，合併時に時価評価し直すこととなります。

　ちなみに，今回の合併が税制適格合併であれば，時価の算定し直しはしないことから，この営業権は法人税上の帳簿価額をそのまま引き継いで，引き続き償却することとなります。

3　負ののれんの償却

（1）　退職給与債務引受額

　退職給与債務引受額の対象とされた従業者が退職等で従業者でなくなった場合は，その従業者に係る退職給与債務引受額を減額し，益金に算入します（法法62の8⑥一）。

　具体的には，退職給与債務引受額を対象者の人数で割って1人当たりの額を算定し，これにその期の退職者等の人数を掛けた金額となります（法令123の10⑩）。

　ただし，従業者ごとの個別引当額の明細を保存している場合は，その個別引当額をもとに益金算入することもできます。この場合，継続適用が要件となりますので，一度異なる方法で減額した場合は，以降，原則的な処理方法（前記

の「退職給与債務引受額を対象者の人数で割って1人当たりの額を算定し，これにその期の退職者等の人数を掛けた金額」）でしか処理できなくなります（法令123の10⑫）。

（2）　短期重要負債調整勘定

　短期重要負債調整勘定の計上のもととなる損失が実際に生じた場合，本勘定のうち，その損失額相当額を取り崩し，益金に算入します。

　ただし，その損失が発生する前に合併等の日から3年経過してしまった場合，又は，見積額のほうが実際の損失額より高かったため3年経過しても差額が残ってしまっている場合，もともと本勘定は合併等から3年以内に発生する可能性がある金額として計上していることから，3年経過時点で取り崩して益金に算入します。

　また，同じく，その損失発生前に，自社が税制非適格で吸収合併された場合，その合併により過去の短期重要負債調整勘定が清算され，改めて短期重要負債調整勘定を算定することになることから，取り崩して益金算入します（法法62の8⑥二）。

（3）　差額負債調整勘定

　資産調整勘定と同様，原則として5年間で均等額を取り崩します。具体的には，差額負債調整勘定を60で割って当期の月数（合併等の日の属する事業年度においては，その日から事業年度終了の日までの月数）を乗じた額を取り崩すこととなります。

　ただし，取崩しの途中で，非適格合併により吸収される場合は，合併の前日付で残額のすべてを一時に取り崩します。これは，今回の合併により過去の差額負債調整勘定が清算され，改めて差額負債調整勘定を算定することになるからです。

　ちなみに，今回の合併が税制適格合併であれば，時価の算定し直しはしないことから，差額負債調整勘定は法人税上の帳簿価額をそのまま引き継いで，引

き続き均等に取り崩すこととなります。

　なお，法人税上は強制取崩しなので，任意で取崩額を調整することはできません。会計上の処理があってもなくても，益金算入されることとなります（法法62の8⑦）。

関連解説

　資産調整勘定・負債調整勘定は，税制非適格合併により吸収される場合及び解散等により残余財産が確定した場合，残額を一時に取り崩します（法法62の8④⑦）。

　ただし，税制非適格会社分割や現物出資等では会社が消滅することがないことからこの規定は適用されないため，例えば，分割により承継する側の法人においてその分割により改めて資産調整勘定が計上されたとしても，分割元の法人に残された資産調整勘定は一時の損金にはできず，通常どおり5年間で償却を続けなければなりません。

Q37 会計処理との乖離

> 当社は上場会社の連結子会社であり，IFRSによる影響を現在検討中です。IFRSによればのれんは会計上減損会計の対象となり，減価償却できないこととなりますが，法人税上の取扱いに影響は生じますか。

A ‥‥‥‥‥‥‥‥‥‥‥‥‥‥‥‥‥‥‥‥‥‥‥‥‥‥‥‥‥‥‥‥

SUMMARY　IFRSにおける減価償却できないのれんとは，パーチェス法による時価純資産と買収価額の差額であり，会計制度上ののれん（分離して譲渡可能な無形資産を分類した後の残額。**Q32**参照）をいいます。

　ほぼ同じ意味合いの法人税上の資産調整勘定について，会計と法人税は分離していますので，現在のところ，法人税上の処理に影響を及ぼすとは考えられていません。

DETAIL ▷

1 税務会計

　日本の法人税は，確定決算主義をとっており，また，損金経理を要件として損金算入を認める規定が多いことから，税額計算にあたっては会計処理の影響が多大に生じます。

　IFRS導入により，会計制度上認められていた経費処理が認められなくなれば，現行の税制を改正しない限り，損金処理されていない項目については法人税上損金処理できなくなる可能性があります。

2 のれんの償却

　のれんの償却についても，IFRSと日本基準とでは異なります。

　現行の日本の会計基準では，のれんは償却の対象（20年以内の規則的な償却）ですが，IFRSでは償却は行わず，減損処理のみとなります。一方，負の

のれんはいずれも一時の利益となります（企業結合に関する会計基準32・33）。

　税制非適格の合併等ののれん（資産調整勘定）については，会計処理に影響されない強制償却（前述 **Q36**参照）によることから，5 年間で償却されます。

Q38 評 価 損

当社が2年前に買収した事業に関する会計制度上ののれんにつき，監査法人より，減損処理するよう指摘されました。法人税上は損金算入できますか。

A ･･

SUMMARY〉 法人税上は損金算入できません。

(Reference) 法法33①

DETAIL 〉

1 法人税上の評価損

法人税上，評価損の損金算入は原則として認められていません（法法33①）。

例外として，①物損等（災害等による損傷・棚卸資産の著しい陳腐化・有価証券の時価の著しい下落など），②法的整理による評価換えで一定の場合，③棚卸資産・有価証券等の低価法評価で一定の場合に，限定列挙的に認められています。

会計制度上ののれんの減損は，物損等でも法的整理等によるものでもないため，法人税上損金算入することはできません。

2 資産調整勘定

会計制度上ののれんに類似する概念の資産調整勘定は，償却方法等は法人税上規定されていますが，評価損を認める規定はありません。したがって，評価損としての損金算入は認められません。

V　株式交換等

Q39　株式交換

当社は，株式交換によりＢ社を100％子会社とする予定です。法人税上の非適格交換ですが，Ｂ社において，のれんを計上する必要はあるでしょうか。

A ···

SUMMARY〉　超過収益力としての自己創設のれんであれば，計上する必要はありません。

　ただし，交換前にすでにのれんが，法人税上の帳簿価額で1,000万円以上で計上されている場合，再評価する必要があります。

Reference　法法62の 9 ，法令123の11①

DETAIL 〉

1　株式移転・株式交換等における被移転・交換等法人（子会社）の時価評価

　税制非適格の株式移転及び株式交換等 (※) により子会社となった場合（株式移転・株式交換等の直前に完全支配関係があった場合を除きます）には，以下の資産を時価評価し，含み損益につき課税を受けることとなります。

> **時価評価の対象資産**
> 　固定資産・土地等・売買目的外有価証券・金銭債権・繰延資産。ただし，帳簿価額が1,000万円未満のもの・含み損益が1,000万円（その子会社の資本金等が2,000万円未満の場合はその資本金等の50％）未満のもの・清算中の法人等の株式の含み損等を除く（法法62の 9 ，法令123の11①）。

　（この規定は，被買収法人がグループ通算制度で時価評価の対象となるもの

の規定と同じ書き方です）

（※）株式交換等とは，株式交換のほか最大株主以外の株主に端株しか交付されない全部取得条項付種類株式の取得又は株式併合および株式売渡請求により完全支配関係となるものをいいます（法法２十二の十六）。

　なお，税制非適格株式移転・株式交換等における，移転・交換等の対象とされる子会社に，すでに資産調整勘定がある場合，この資産調整勘定は前記の時価評価換算対象資産には該当しないため，取崩し等はできず，引き続き償却していくこととなります。

2　のれんの有無

　税制非適格の合併等において，支払対価等と時価純資産の差額は，原則として資産調整勘定（又は差額負債調整勘定）になります。すなわち，税制非適格の合併等ののれん（資産調整勘定等）は，差額の概念からなります（ただし，寄附金等があるケースはそれを除きます。Q29・Q30 DETAIL ＞参照）。

　一方，株式移転・株式交換等における支払対価等は，親会社における子会社株式の取得価額となり，子会社が対価を支払うことはありません。子会社における支払対価等がないことから，税制非適格の合併等ののれん（資産調整勘定等）はあり得ないこととなります。

　なお，株式交換における交換比率のもととなる株価には，超過収益力としての自己創設のれんや，簿外の独立した資産として取引される慣習のある営業権等が反映されていると考えられます。

3　超過収益力としてののれんの評価の問題

（1）　自己創設ののれん

　子会社にとってこののれんは自己創設のれんです。自己創設のれんについては現行の会計制度及び法人税において計上が認められていないため，通常は帳

簿価額は0円となっています。したがって，自己創設のれんは，株式交換時の時価評価において計上する必要はありません。

　ただし，平成29年10月1日より前に，連結納税に加入する場合や税制非適格株式交換をする場合には，時価評価を要する資産としては，帳簿価額が1,000万円以上の規定がなく，含み益が1,000万円以上（資本金等が2,000万円未満の場合は資本金等の2分の1以上）の固定資産等であったため，この旧税法により自己創設のれんを計上しなければならない可能性がありました。

　仮に当時の株式交換等により自己創設のれんを1,000万円以上で計上している場合は，今回の買収時においても改めて時価評価する必要が生じます。

Ⅵ 税務上の評価額

Q40 相続税評価

当社は100％同族会社です。当社のオーナー経営者が所有する株式を子供に売却することになりましたが，売買価額によっては贈与税が発生すると聞きました。顧問税理士によると，贈与税の評価額にのれんが影響しているとのことですが，贈与税上，のれんはどのように評価されるのでしょうか。

A ··

SUMMARY▷ 株式を時価純資産価額で評価する場合，自己創設のれんを営業権として時価評価することとなります。

この場合の評価額は，超過利益金額の現在価値となります。

具体的な算定方法は，以下のとおりです。

> 営業権＝超過利益金額×営業権の持続年数（原則10年）の基準年利率による複利年金現価率
> 超過利益金額＝平均利益金額×0.5－標準企業者報酬額－総資産価額×0.05

（Reference） 財評通165・166

DETAIL ▷

1 贈与税の株式評価

非上場株式を売買等する場合，上場株式と異なり市場価額がないことから，その株式の評価額を算定する必要が生じます。適正な価額より高すぎたり安すぎたりする売買を行うと，贈与の問題が生じます。

贈与税上の株式の評価額は，相続税と同様であり，財産評価基本通達に規定

されています。評価方法としては，類似業種比準価額方式，純資産価額方式，配当還元価額方式の3種類があり，これらのうちいずれの方式で評価すべきか，又はミックスする方式で評価すべきかは，通達において詳細に説明されています。この判断結果により，純資産価額方式の算定が必要となった場合には，原則として，資産・負債をすべて同通達により評価することになります。存在すると認められる無体財産権（特許権・実用新案権・商標権・著作権・鉱業権・営業権など）については，仮に簿外であっても同通達により評価することとなります。

2　贈与税上ののれん

のれんについては，現行の会計制度・法人税とも，支払対価等と時価純資産の差額概念です。贈与という行為そのものには支払対価等がないため，このようなのれんを認識することはできません。

ただし，超過収益力については，自己創設であっても「営業権」^(注)として評価することが規定されています。

(注) のれんと営業権の類似性については **Q32** DETAIL 1 参照

3　評価方法

●財産評価基本通達165・166

165　営業権の価額は，次の算式によって計算した金額によって評価する。
　　平均利益金額×0.5－標準企業者報酬額－総資産価額×0.05＝超過利益金額
　　超過利益金額×営業権の持続年数（原則として10年とする。）に応ずる基準
　　年利率による複利年金現価率＝営業権の価額
（注）　医師，弁護士等のようにその者の技術，手腕又は才能等を主とする事業に
　　係る営業権で，その事業者の死亡と共に消滅するものは，評価しない。

166　前項の「平均利益金額」等については，次による。

(1) 平均利益金額

平均利益金額は，課税時期の属する年の前年以前3年間（法人にあっては，課税時期の直前期末以前3年間とする。）における所得の金額の合計額の3分の1に相当する金額（その金額が，課税時期の属する年の前年（法人にあっては，課税時期の直前期末以前1年間とする。）の所得の金額を超える場合には，課税時期の属する年の前年の所得の金額とする。）とする。この場合における所得の金額は，所得税法第27条《事業所得》第2項に規定する事業所得の金額（法人にあっては，法人税法第22条《各事業年度の所得の金額》第1項に規定する所得の金額に損金に算入された繰越欠損金の控除額を加算した金額とする。）とし，その所得の金額の計算の基礎に次に掲げる金額が含まれているときは，これらの金額は，いずれもなかったものとみなして計算した場合の所得の金額とする。

　イ　非経常的な損益の額
　ロ　借入金等に対する支払利子の額及び社債発行差金の償却費の額
　ハ　青色事業専従者給与額又は事業専従者控除額（法人にあっては，損金に算入された役員給与の額)

(2) 標準企業者報酬額

標準企業者報酬額は，次に掲げる平均利益金額の区分に応じ，次に掲げる算式により計算した金額とする。

平均利益金額の区分	標準企業者報酬額
1億円以下	平均利益金額× 0.3＋1,000万円
1億円超3億円以下	平均利益金額× 0.2＋2,000万円
3億円超5億円以下	平均利益金額× 0.1＋5,000万円
5億円超	平均利益金額×0.05＋7,500万円

(注)　平均利益金額が5,000万円以下の場合は，標準企業者報酬額が平均利益金額の2分の1以上の金額となるので，165《営業権の評価》に掲げる算式によると，営業権の価額は算出されないことに留意する。

(3) 総資産価額

総資産価額は，この通達に定めるところにより評価した課税時期（法人にあっては，課税時期直前に終了した事業年度の末日とする。）における企業の総資産の価額とする。

基準年利率は財産評価関係個別通達として国税庁から発表されます。令和3年12月における7年以上の基準年利率は0.25％です（国税庁ホームページより）。

複利年金現価率は，以下の計算式で算定されます。

$$\{(1+r)^n - 1\} \div \{r \times (1+r)^n\} \quad r は利率，n は年数$$

4　計算例

- 課税所得
  前々々期　1億2,000万円
  　　　　　（固定資産売却益4,000万円・支払利息2,000万円を含む）
  前々期　　1億5,000万円
  　　　　　（固定資産売却損2,000万円・支払利息1,500万円を含む）
  直前期　　1億8,000万円
  　　　　　（本店移転費1,000万円・支払利息500万円を含む）
- 総資産価額（同通達による換算額）
  直前期　　　4億円
- 基準年利率　　0.25％
営業権の持続年数は10年とする。

（1）　平均利益金額

$\{$（1億2,000万円 − 4,000万円 + 2,000万円）＋（1億5,000万円 + 2,000万円 + 1,500万円）＋（1億8,000万円 + 1,000万円 + 500万円）$\} \div 3$
＝ 1億6,000万円

（2）　標準企業者報酬額

1億6,000万円 × 0.2 + 2,000万円 ＝ 5,200万円

（3）　超過利益金額

1億6,000万円 × 0.5 − 5,200万円 − 4億円 × 0.05 ＝ 800万円

（4）　複利年金現価率

$\{(1 + 0.0025)^{10} - 1\} \div \{0.0025 \times (1 + 0.0025)^{10}\} = 9.864$

（小数点4位未満四捨五入）

（5）　営業権の評価額

800万円 × 9.864 = 78,912,000円

Q41　資産調整勘定がある場合の相続税の株価

　当社は資金繰りが悪化したため，経営者の父親に第三者割当増資を受けてもらって資金調達することとなりました。割当価額は，株主間の贈与課税を避けるため，相続税評価額により算定しようと考えています。当社は最近，経営者の友人の会社を吸収合併したことで，資産調整勘定が資産計上されています。相続税評価額を算定するうえで，資産調整勘定はどのように評価すればよいでしょうか。

A ···

| SUMMARY | 営業権として評価するものと考えられます。

(Reference)　財評通 6・165・166

| DETAIL |

1　超過収益力としての資産調整勘定

　資産調整勘定については，財産評価基本通達において何ら規定がありません（令和 4 年 1 月現在）。したがって，そもそも資産調整勘定とは何から構成されているか，実質的にどのような資産であるかを検討する必要があります。

　資産調整勘定とはその株式等の価額（時価）と時価純資産価額の差額です（前述 **Q27**参照）。その差額は，自己創設のれんと考えられ，通常は超過収益力からなるものと考えられます。したがって，相続税評価額の算定において，超過収益力として評価される営業権により評価するのが妥当であると考えられます。

2　参　　考

　資産調整勘定の計上の有無にかかわらず，営業権は財産評価基本通達によっ

て算定します（算定方法は前述（**Q40**）のとおり）。ただし，財産評価基本通達には「この通達の定めによって評価することが著しく不適当と認められる財産の価額は，国税庁長官の指示を受けて評価する」（財評通6）とあることから，必ずしも同通達の営業権として評価すれば課税上問題がないと認められたわけではありません。資産調整勘定はあくまで差額概念であり，超過収益力から成ると考えられるものの，そのことを税法において明確に定義しているわけではないからです。

第4章

無形固定資産

I　定義・概要

Q42　無形資産の会計上と法人税上の相違点

　当社はグループ外の会社を吸収合併しました。受入れした純資産より交付株式の方が高いため，この差額につき，会計制度上は識別可能な無形資産があれば，のれんとは別に計上することとなっています。この場合，法人税上は会計制度上と同様，無形資産として計上することができますか。

A ....

SUMMARY　貴社が識別可能な無形資産として区分計上した場合，法人税上もその処理に準じます。ただし，無形固定資産ではなく法人税上の繰延資産に区分される場合もありえます。

Reference　耐令 1・別表第三

DETAIL

1　法人税上の無形資産

　法人税上の収益及び費用等には，一般に公正妥当と認められる会計処理の基準に従って計算されるものと，法人税上の処理に従って計算されるものがあります。無形資産のうち，法人税上に規定がない処理は，一般に公正妥当と認められる会計処理によります（法法22④）。

　ところで，「一般に公正妥当と認められる会計処理基準」について明文規定はありません。これは財務諸表等規則における定義においても同様であり，抽象的な概念といえます。通常は，企業会計原則，財務諸表等規則，会社計算規則，企業会計審議会や企業会計基準委員会が公表する会計基準・適用指針などのほか，他の会計慣行をも含むと考えられています。

　無形資産については，一般に公正妥当と認められる会計処理に従うと，貸借

対照表においては無形固定資産として計上されます。ただし，法人税上の実務上の取扱いとしては，償却期間を制定している下記（1）及び（2）の資産を無形固定資産として認識し，それ以外は繰延資産として認識する傾向がみられます。これは，たとえばノウハウの設定契約における一時金を繰延資産と定めている（法令14①六八，法基通7－1－6）ことから，他の無形資産についても同様であるとの考えに基づくと考えられます（後述 **Q69**参照）。

（1） 非償却資産

償却できない無形固定資産としては，以下のものがあります。

① 借地権
② 電話加入権

（2） 減価償却資産

減価償却できる無形固定資産は，減価償却資産の耐用年数等に関する省令1条及び別表第三（無形減価償却資産の耐用年数表）に明文規定されています。法人税上，減価償却可能な無形固定資産は以下の権利に限られます。

①	鉱業権等	※
②	漁業権	10年
③	ダム使用権	55年
④	水利権	20年
⑤	特許権	8年
⑥	実用新案権	5年
⑦	意匠権	7年
⑧	商標権	10年
⑨	ソフトウェア（複写して販売するための原本）	3年
⑩	ソフトウェア（上記以外のもの）	5年
⑪	育成者権（種苗法4条2項に規定する品種）	10年
⑫	育成者権（上記以外のもの）	8年

⑬	営業権		5年
⑭	専用側線利用権		30年
⑮	鉄道軌道連絡通行施設利用権		30年
⑯	電気ガス供給施設利用権		15年
⑰	水道施設利用権		15年
⑱	工業用水道施設利用権		15年
⑲	電気通信施設利用権		20年
⑳	公共施設等運営権		存続期間
㉑	樹木採取権		存続期間
※	採掘権		認定年数
	試掘権	石油等	8年
		それ以外	5年
	租鉱権等		認定年数
	坑道		認定年数

2　国際税務・移転価格税制における無形資産

　外国法人等の国内恒久的施設において使用する資産（国内源泉所得等に係る無形資産）として，前記1の特許権等及びその実施権等のほか，以下が挙げられています（法基通20 - 2 - 4・20 - 3 - 2，措通66の4(8) - 2）。

- •工業所有権その他の技術に関する権利，特別の技術による生産方式，これらに準ずるもの
- •顧客リスト及び販売網
- •生産その他業務に関し繰り返し使用し得るまでに形成された創作，すなわち，特別の原料，処方，機械，器具，工程によるなど独自の考案又は方法を用いた生産についての方式，これに準ずる秘けつ，秘伝その他特別に技術的価値を有する知識及び意匠等
- •ノウハウ，機械，設備等の設計及び図面等に化体された生産方式，デザイン
- •営業上の秘密，商号，ブランド

- 無形資産の使用許諾等により設定される権利
- 契約上の権利

　また，移転価格税制の適用にあたって，国外関連者の所得への寄与状況を検討する際に勘案すべき所得の源泉となるものとして，以下が挙げられています（移転価格事務運営要領3-12）。

- 技術革新を要因として形成される特許権，営業秘密等
- 従業員等が経営，営業，生産，研究開発，販売促進等の企業活動における経験等を通じて形成したノウハウ等
- 生産工程，交渉手順及び開発，販売，資金調達等に係る取引網等

3　無形資産の計上額

　合併等にあたって受入処理する場合，この合併等が法人税上の税制適格合併等であれば，仮に会計上はパーチェス法（**Q27**関連解説**1**参照）で処理された結果，識別可能な無形資産を新たに計上したとしても，法人税上は法人税上の帳簿価額を引き継ぐこととなるため，その無形資産を計上することはありません。

　法人税上の税制非適格合併等でグループ法人税制の適用を受けず，会計上はパーチェス法で処理する場合，法人税上も会計上も時価で計上することとなります。会計制度上は合併や会社分割等により支出した対価を，取得した資産（識別可能な無形資産を含む）・負債に配分し，残額があればそれはのれんとなります。取得した資産・負債の法人税上の時価も同額であれば，会計制度上ののれんは法人税上の資産調整勘定と同額になります。

　この場合，会計制度上において識別可能な無形資産があれば，のれんと分けて評価額を資産計上することになりますが，その評価額が法人税上の時価と認められるかどうかの検討が必要です。

　というのも，識別可能な無形資産を評価するにあたって，その種類や内容にもよりますがインカムアプローチ（その無形資産があることで生じる超過収益

力を現在価値に評価する方法など）で算定することが多く見られます。この算定要素に恣意性が含まれると，結果として残額ののれん（資産調整勘定）が過大又は過少となる可能性が生じます。資産調整勘定の償却は 5 年間ですが，無形資産の耐用年数が 5 年でない場合，適正な償却額が計上されていないとされる可能性が生じます（**Q32** DETAIL 5 参照）。

【例】

| (借) | 資 産 | 1,000 | (貸) | 負 債 | 300 |
| | ? | 1,300 | | 株 主 価 値 | 2,000 |

? → ①資産の含み益　　　　　　　200
　　②無形資産　　　　　　　1,000　2 年で償却
　　③のれん（資産調整勘定）　100　5 年で償却
　→償却額　初年度　520

? → ①資産の含み益　　　　　　　200
　　②無形資産　　　　　　　　100　2 年で償却
　　③のれん（資産調整勘定）　1,000　5 年で償却
　→　償却額　初年度　250

4　無形固定資産か繰延資産かによる相違

（1）　法人税の取扱い

　無形固定資産なのか繰延資産なのかは，資産計上すべきかどうかの判断と同様に重要となります。すなわち，無形固定資産は上記 1 （1）を除き （2）の減価償却資産であることから一括償却できる金額は（賃貸用として取得した一定の場合を除き），10万円未満，20万円未満，30万円未満で処理が異なり（法令133・133の 2 ，措法67の 5 ）ますが，繰延資産は20万円未満であれば全額一

括損金処理が可能となります（法令134）。

　なお，資産計上した場合，償却できるか否か，そのベースとなる取得価額はいくらとすべきか，償却期間は何年なのか等については，無形固定資産か繰延資産を問わず，検討を要することとなります。

（2）　消費税の取扱い（調整対象固定資産・高額特定資産）

　複数年の事業年度にわたって使用する調整対象固定資産（消費税抜きで100万円以上の，建物や工具器具備品などの償却資産や商標権などの無形固定資産等）に係る課税仕入れにつき，仕入税額控除を行った事業年度の後において，課税売上割合が著しく変動した場合や利用方法を変更した場合等においては，取得した事業年度から3年経過した日の属する事業年度の仕入税額控除を調整することとなります。

　この調整は，仕入税額控除時の課税売上割合に比べその後の課税売上割合が著しく増加した場合は，仕入税額控除が増額されるので納税者にとって有利となり（ただし免税事業者・簡易課税事業者になれない等の制限あり），逆の場合は不利となります（消法2①十六・33・34・35，消令5・53，消基通12-2-1・12-3-3）。また，高額特定資産（棚卸資産・調整対象資産で1,000万円以上のもの）に係る課税仕入れにつき，仕入税額控除を行った場合についても，その後3年間は免税・簡易課税は選択できません（消法12の4，消令25の5）。以上により，無形固定資産に該当すれば，その事業年度後3年間の消費税に影響が生じたり調整等が必要となるケースが生じますが，繰延資産（ただし，課税資産の賃借の権利金等を除きます）に該当すれば仕入税額控除の調整等は不要となります。

関連解説

会計制度上の無形資産

（1）　財務諸表等の用語，様式及び作成方法に関する規則（財務諸表等規則）

　現行の財務諸表等規則では，無形固定資産として以下のものを掲げています

（財務諸表等規則27・同ガイドライン27-14）。

① のれん

② 特許権

③ 借地権

④ 地上権

⑤ 商標権

⑥ 実用新案権

⑦ 意匠権

⑧ 鉱業権

⑨ 漁業権

⑩ 入漁権

⑪ ソフトウェア

⑫ リース資産（借主側における上記②～⑪，下記⑬⑭の資産）

⑬ 公共施設等運営権

⑭ その他（水利権，版権，著作権，映画会社の原画権，公共施設等運営事業の更新投資資産等）

（2）　企業結合会計基準

　合併等の組織再編に伴う会計処理において，パーチェス法（前述 **Q27** 関連解説 1 参照）による場合，のれんとは別の構成要素として識別可能な無形資産があれば，のれんとは別に時価で計上することとなります。

① 法律上の権利の例示（企業結合会計基準及び事業分離等会計基準に関する適用指針58）

- 産業財産権（特許権，実用新案権，商標権，意匠権）

- 著作権

- 半導体集積回路配置

- 商号

- 営業上の機密事項

- 植物の新品種等
② 分離譲渡可能である可能性があるとされるものの例示（同367）
  - ソフトウェア
  - 顧客リスト
  - 特許で保護されていない技術
  - データベース
  - 研究開発活動の途中段階の成果

（3） IFRS

　のれんと区別して識別可能な無形資産があれば，その無形資産を個別に認識して計上する必要があります。識別可能かどうかは以下の2つの識別要件で判断します。

A　契約・法的権利

　その権利が契約又は法的権利から発生している（被取得企業，他の権利・義務から移転又は分離できるか否かを問いません）。

B　分離可能性

　単独又は関連する契約，識別した資産又は負債とともに，被取得企業から分離又は分割して，売却・移転・ライセンス付与・賃貸・交換が可能である（取得企業の意図にかかわりません）。

　識別可能な無形資産については，以下の5つのカテゴリーと典型例が識別要件とともに例示されています。

① 市場（マーケティング）関連
  - 商標（トレードマーク），商号，サービスマーク，団体商標，証明商標
  - 商標上の飾り（ユニークな色・形・パッケージデザイン）
  - 新聞のマストヘッド
  - インターネットドメイン名
  - 非競合契約
② 顧客関連

- •顧客リスト
- •注文又は製品受注残高
- •顧客との契約，契約に関連する顧客との関係
- •契約によらない顧客との関係

③　芸術関連

- •演劇，オペラ，バレエ
- •本，雑誌，新聞，その他の著作物
- •作曲，作詞，CM ソング等の音楽作品
- •写真，絵画
- •映画，フィルム，音楽テープ，ビデオ・視聴覚作品（TV 番組その他）

④　契約関連

- •ライセンス供与，ロイヤルティ，使用禁止契約
- •広告，建設，マネジメント，サービス，サプライ契約
- •リース契約（借受人としての地位承継等）
- •建設許可
- •フランチャイズ契約
- •営業許可，放映権
- •住宅ローン貸付管理契約等のサービス契約
- •雇用契約
- •採掘，水道，空調，材木伐採，通行権等の利用権

⑤　技術関連

- •特許技術
- •ソフトウェア，マスクワーク
- •非特許技術（ノウハウ等）
- •データベース（タイトルプラントを含みます）
- •秘密の製法，プロセス，レシピ等の企業秘密

Ⅱ　無形減価償却資産

Q43　商標権の取得

　当社は現在，ブランド戦略を見直しています。その際，一部，未登録の商標があることがわかり，急ぎ，商標登録をすることとなりました。諸手続を特許事務所に依頼したところ，総コストは19万円程度になります。このコストは，無形固定資産として法人税上処理する必要があるのでしょうか。

　また，過去に登録済みの商標権についても一部更新する予定ですが，これに係るコストも資産計上すべきでしょうか。

　なお，商標権は自社で利用します。

A ....

SUMMARY　商標権は法人税上，無形固定資産に該当します。ただし，貴社が中小企業者等（資本金が1億円超等の大規模法人支配下でなく，平均所得が15億円以下かつ資本金1億円以下で従業員が500人以下の法人等）に該当する法人であれば，30万円未満であるため一定要件の下で損金算入できます。

　それ以外の法人であれば，20万円未満であるため3年間で償却することができます。3年償却を選択しない場合，10万円を超えるため，無形固定資産に計上します。

　更新コストも資本的支出として同様の判断をすることとなります。

　ただし，登録のための費用は取得価額に含めないこともできますので，総コストの内訳によっては，全額損金算入できることもあります。

Reference　法令54①一・132・133・133の2，法基通7－3－3の2・7－1－11・7－1－12，措法67の5，措令39の28

1　商標権

　商標権は，商標を使用する者の業務上の信用を維持し，需要者の利益保護を目的として，商標法に基づいて設定されます。特許庁に商標登録出願し，審査後登録査定が通ったら，登録料等を支払うことで商標登録原簿に登録され，商標権の効力が発生します。効力は10年間で，継続したい場合は更新の手続をします。

　また，平成19年4月に商標法が一部改正され，小売業・卸売業者のサービスマークを保護する小売等役務商標制度が導入されました。これにより，ショッピングカートや店員の制服，カタログ販売，レジ袋などに使用している商標も保護されることとなり，広範な商品を扱っている場合でも安く権利取得ができるようになりました。

　さらに，平成27年4月から，動き商標・ホログラム商標・色彩のみからなる商標・音商標および位置商標も商標登録することができるようになり，包装紙や看板に使用される色彩や，CMなどに使われるサウンドロゴなども商標登録されるようになりました。

2　法人税上の処理

（1）　取得価額

　商標権の取得にあたっては，デザイナーに支払うデザイン料や見本代，弁理士に支払う調査費用や手数料，特許庁に支払う出願料・登録料などのコストがかかります。

　法人税上は無形固定資産（減価償却資産）に該当することから，取得した商標権は，原則として，取得のために要した費用を合計します（法令54①一）。

　ただし，このうち登録のために要する費用は，取得価額に含めないことができます（法基通7-3-3の2）。例えば，出願時・登録時の印紙代や弁理士へ

の登録手数料は登録のための費用であることから損金処理できます。したがって，この場合の取得価額は，デザイン料・商標見本代等を合計した額となります。

　また，更新のためのコストは，その資産の使用可能期間（10年）を延長させるものであることから，無形固定資産に計上されている権利の更新の場合，登録のための費用を除き，資本的支出として無形固定資産となります（法令132）。

（2）　損金処理

　商標権の取得に要した費用は，基本的には無形固定資産に該当するため資産計上し，10年間にわたって定額法による償却額を損金算入できます。

　ただし，デザイン料等があまりかからない等の場合，少額で済むことが多いため，一時の損金に落としているケースが多くみられます。

　賃貸用として取得した一定の場合を除き，1件当たりの取得に要した費用合計が10万円未満であれば一括損金処理し，10万円以上20万円未満であれば3年間で償却し，中小企業者等であれば30万円未満で1事業年度当たり年間合計300万円までであれば一括損金算入することができます（法令133・133の2，措法67の5，措令39の28，法基通7-1-11・7-1-12）。

Q44　組織再編による商標権の取得

　当社は，当社グループが資本の70%のシェアを持つB社を税制非適格
として吸収合併しました。B社の財務諸表には商標権が計上されていま
す。その内容はB社のロゴのデザイン料等から構成されたもので，B社に
おいて創設されたものであり，合併直前の帳簿価額は150万円です。

　当社は合併後もB社のロゴを有効的に利用する予定ですが，合併受入処
理にあたり，法人税上，時価評価し直す必要はありますか。その場合，の
れん（資産調整勘定）から商標権を分離させることになりますか。

　また，当社の子会社がこの商標を利用するにあたって，処理等につき留
意すべき法人税上の問題はありますか。

A ···

SUMMARY　B社の商標権は時価評価し直す必要があります。この商標権は分離
可能と考えられるためのれん（資産調整勘定）とは別に計上します。

　子会社が商標権を利用するのであれば使用料を支払う必要があると思われますが，
この場合その子会社は，使用効果の期間に応じて損金処理することとなります。

Reference　企業結合に関する会計基準29，法法62①

DETAIL

1　受入処理

(1)　法人税上の処理

　税制適格合併では法人税上の帳簿価額で受入処理し，税制非適格合併では時
価により受入処理し，完全支配関係にある100%グループ法人間の税制非適格
合併では一定資産[注]を除き時価で受入処理します。

　　(注)　固定資産・土地等・売買目的外有価証券・金銭債権・繰延資産で，直
　　　前の帳簿価額が1,000万円以上のもの（法法61の13，法令122の14）

（**Q27** DETAIL ＞5参照）

本問においては，完全支配関係にある100％グループ法人間ではなく，税制非適格合併であるため，受入処理は時価で計上することとなります。

（2） 会計制度上の処理

原則として，共同支配・共通支配下・投資の継続での組織再編であれば適正な帳簿価額で引継ぎ，それ以外の事実上の売買・投資の清算であればパーチェス法（時価で引継ぎ）で処理します（**Q27**関連解説参照）。

本問においては，おそらく事実上の売買と想定されるため，パーチェス法で処理することになると思われます。この場合，受け入れた資産に法律上の権利など分離して譲渡可能な無形資産が含まれる場合にはその無形資産は識別可能なものとして取り扱う（企業結合に関する会計基準29）ことから，商標権が分離譲渡可能なものであれば，時価で計上することとなります。

2　時価評価

（1）　評価額

現在，商標権の評価額の算定方法として，以下が代表的なものとして挙げられます。ただし，商標はイメージであり，評価の目的とそれに適した評価方法，評価データ選定の経緯，商標の種類（会社全体の商標・商品別の商標等）等につき，恣意的要素を完全に排除することは困難であることから，評価の信頼性が担保されない可能性があれば，法人税上はこれらの評価方法を認めない可能性があります（**Q32** DETAIL ＞5参照）。

① コストアプローチ

再調達原価をベースに算定します。評価時点においてその商標権を生成するために係る総コスト（又は，過去の取得に要した総コストにインフレ要素を反映）に減価償却を考慮した額です。

商標権を取得した後のリスクなど，事業に与える影響等が考慮されないこと

がデメリットとされています。

② マーケットアプローチ

　類似する商標権の市場価額をベースに評価します。現在，商標権の活発な市場取引がないことから，実際に利用することは困難と考えられます。

③ インカムアプローチ

　将来の経済的利益の総額が現在価値としていくらであるかを評価します。ロイヤルティ予想収入を現在価値に引き直す（マーケットアプローチの一種でもある）方法，営業利益や EBITDA（経常的な税引後利益に支払利息・減価償却費を加算した額）のうち商標権が貢献する割合（他商品の利益率・消費者の認知度・市場分析などにより算定）を資本に還元する方法，商標権がある場合とない場合の利益の差額を資本に還元する方法などがあります。

　なお，経済産業省モデルによるブランド価値の算定方法（「ブランド価値評価研究会報告書」平成14年6月24日）がありますが，これ以外にも，また，その後も多様なアプローチからの評価方法が研究されています。

（2）　税務上の規定

　税務上，商標権の時価評価については，相続税・贈与税の財産評価基本通達にのみ規定があります。ただしその評価方法は，特許権等の評価方法に準ずるとされています。

●**財産評価基本通達147　商標権及びその使用権の評価**

> 　商標権及びその使用権の価額は，140《特許権の評価》から145《権利者が自ら特許発明を実施している場合の特許権及び実施権の評価》の定めを準用して評価する。

●財産評価基本通達145　権利者が自ら特許発明を実施している場合の特許権及び実施権の評価

> 特許権又はその実施権の取得者が自らその特許発明を実施している場合におけるその特許権又はその実施権の価額は，その者の営業権の価額に含めて評価する。

　この規定では，自社内で取得及び利用している商標権については，営業権を構成するものとして捉えています。この場合の営業権とは自己創設のれんとして超過収益力を評価したものをいうと考えられ（**Q40**参照），商標権はそこに内在するものであると捉えられていることから，この評価方法においては分離して評価することは不可能です。

　ただし，自社以外の利用を認めて使用料を受領する場合は，将来収益（確定していない場合は過去の経緯等から推算した収益）の基準年利率による複利現価の合計額で評価します（財産評価基本通達140～144）。

140　（特許権の評価）

　特許権の価額は，145《権利者が自ら特許発明を実施している場合の特許権及び実施権の評価》の定めにより評価するものを除き，その権利に基づき将来受ける補償金の額の基準年利率による複利現価の額の合計額によって評価する。

141　（特許権の評価の算式）

　前項の「複利現価の額の合計額」は，次の算式によって計算した金額とする。

(1)　第1年目の補償金年額×1年後の基準年利率による複利現価率＝A
　　　第2年目の補償金年額×2年後の基準年利率による複利現価率＝B
　　　第n年目の補償金年額×n年後の基準年利率による複利現価率＝N

(2)　A＋B＋……＋N＝特許権の価額
　　　上の算式中の「第1年目」及び「1年後」とは，それぞれ，課税時期の翌日から1年を経過する日まで及びその1年を経過した日の翌日をいう。

142　（補償金の額）

　140《特許権の評価》の定めによって特許権の価額を評価する場合において，その将来受ける補償金の額が確定していないものについては，課税時期前の相

当の期間内に取得した補償金の額のうち，その特許権の内容等に照らし，その特許権に係る経常的な収入と認められる部分の金額を基とし，その特許権の需要及び持続性等を参酌して推算した金額をもってその将来受ける補償金の額とする。

143　(補償金を受ける期間)

140（特許権の評価）の「その権利に基づき将来受ける」期間は，課税時期から特許法（昭和34年法律第121号）第67条《存続期間》に規定する特許権の存続期間が終了する時期までの年数（その年数に1年未満の端数がある時は，その端数は，切り捨てる。）の範囲内において推算した年数とする。

144　(補償金が少額な特許権)

課税時期後において取得すると見込まれる補償金の額の合計額が50万円に満たないと認められる特許権については，評価しない。

3　商標権の使用料（ロイヤルティ）

商標権の使用料は，使用収益する期間に応じて法人税上損金処理します。

使用料を毎年定額ではなく一括で支払うケースなど，支払った使用料が1年を超えて効力を有するものであれば，「自己が便益を受けるために支出する費用」として法人税上の繰延資産（会計処理する場合は前払費用）として計上し，その期間に応じて損金処理します（法令14）。ただし，1件当たりの使用料が20万円未満であれば一括損金算入することができます（法令134）。

なお，使用料の額の算定方法に明確な規定はないため，関係会社間の取引において法人税上適正な額と認められるためには，他社との比較・算定方法の判断プロセス・根拠資料・計算方法等を明確化しておくことが推奨されます。

関連解説

移転価格税制等

本問の子会社が海外法人の場合，使用料の算定方法等については，移転価格

税制の検証が必要になります。無形資産（無体財産権，知的財産権，知的所有権などの名称によることもあります）の使用料については，移転価格税制において，その対象となる無形資産の法的所有者・経済的所有者（形成の貢献者等）の検討とともに取引金額の妥当性につき議論になることが非常に多く，専門家による検証が不可欠です。

なお，移転価格税制における無形資産とは，著作権・工業所有権等のほか，顧客リスト・販売網等の有用な価値のあるものとされており，通常の法人税上の無形資産より範囲が広くなっています（前述 **Q42** `DETAIL`⟩**2**参照）。

ちなみに，海外法人からの使用料の受領において，当該国の税制や当該国と我が国との間で交わしている租税条約等により，源泉税を徴収されるケースがあるため，移転価格税制を考慮するほどの規模感のある金額ではない場合であっても，事前の検証が必要です。

Q45　商標権の除却又は評価損

　当社は昨年の不祥事を受けて再発防止策を徹底するとともに，このたびロゴも全面的に更新し，新規に商標権を登録しました。

　今まで利用していたロゴの未償却残高が資産計上されているのですが，これを一時の損金として処理することに何か問題はあるでしょうか。

　なお，会計上は前期に減損処理しています。

A ··

SUMMARY〉　商標権は法人税上の無形固定資産に該当することから，商標権が除却されたことが明らかであれば，一時の損金として除却処理します。

　ただし，単に利用しないだけで，権利としては存続しているのであれば，除却や評価損の計上は困難である可能性があります。

（Reference）　法法33，法令68①三，法基通 9 - 1 - 17

DETAIL 〉

1　評価損が認められる場合

　会計制度と異なり，法人税上は，固定資産の評価損の計上は原則として認められていません（法法33）。

　ただし，例外として，以下の場合において損金経理により帳簿価額を減額したときは，評価損の計上が認められています（法令68①三）。

① 　災害による著しい損傷

② 　1 年以上の遊休状態

③ 　本来の用途による使用ができないため他の用途により使用している場合

④ 　所在場所の状況の著しい変化

⑤ 　上記に準ずる特別の事実

以上の評価損は，無形固定資産の場合，その事実の立証が非常に困難です。

損金処理にあたっては，商標権の更新手続をしないことはもちろんですが，判断プロセス，判断の根拠となる資料，十分な検証，評価損を計上した状態の継続維持等が必要となります。

2　評価損が認められない場合

法人税上，上記1以外は評価損の計上が認められていません。

したがって，例えば以下のようなケースも評価損の計上はできません（法基通9-1-17）。

① 過度の使用，修理の不十分等による著しい損耗
② 償却不足
③ 取得の事情等による高額な取得価額
④ 急速な進歩等による機械装置の旧式化

また，無形固定資産につき，評価損を計上したものの，その権利がまだ継続している等，いつでも復活利用可能な状況であると判断されれば，評価損の計上は認められません。

3　除却損が認められる場合

無形固定資産も資産であることから，除却すれば損金算入されます。しかし実際には，有形固定資産の有姿除却（上記1②）においても否認事例が多くみられ，さらに無形であることから，除却したことの立証が，評価損同様，非常に困難です。

今後一切その権利を使用しないことを立証する必要があり，実際に二度とその権利を使用することは経営判断上ありえないという状況が求められます。

本問においては，商標権を二度と利用しないであろう環境であることが想定されるため，それを証する判断プロセス（経営会議等の議事録）や，除却処理することの妥当性を検証した記録等を保存すること，また，商標権の更新手続

等を実際に一切とらないことで，一時の損金として除却処理することは可能と考えられます。

　なお，近年，復活商品や新ロゴの不評により，過去又は今まで利用していたロゴ等を再利用するケースがあることから，除却の判断には十分な検証等が求められます。

Q46 特許権の取得価額・減価償却

当社は，自社で開発した技術を自社で利用するため，特許権として登録する予定です。この場合の法人税上の取得価額は，今までにかかった研究費を計上すべきでしょうか。

また，減価償却費はどのように計算されますか。

A ···

SUMMARY　自社開発の特許権の取得価額は，仮に試験研究費の未償却残高があればその額としますが，通常は損金処理済みのため０円となります。資産計上額がある場合，減価償却費は，耐用年数８年の定額法で算定します。

Reference　法令54①・48の２①四，法基通７-３-３の２・７-３-15，耐令別表第三

DETAIL

1　特許権とは

工業所有権（産業財産権）の１つで，特許を受けた発明を業として排他的・独占的に実施できる権利をいいます。特許庁に出願し，登録されることにより権利が発生し，原則として出願日から20年間権利が持続します。

2　取得価額

（1）　自社開発の特許権

自社で研究開発した特許権については，試験研究費（繰延資産）に計上されているか，又は全額損金処理されているかのどちらかです。会社法の制定に伴い，従来の試験研究費は即時費用となり，平成19年度税制改正において，法人税上も試験研究費は繰延資産から除かれました。ただし，改正前の試験研究費

は引き続き繰延資産として随時償却（任意償却）とされています。したがって，まれなケースですが，試験研究費の未償却残高があれば，その額を特許権の取得価額に振替計上します（法令54①二）。

なお，特許権の出願料・登録免許税等の登録費用は，資産計上しないことも認められています（法基通7-3-3の2）。

（2）　購入による特許権

他者から購入した特許権については，その購入代価のほか，特許権の購入にあたって負担した手数料など，購入のために要した費用も取得価額に算入します。事業の用に供するために他に何か費用負担があれば，それも算入します（法令54①一）。

特許権の登録を受けるための権利である出願権を取得してから登録する場合には，その出願権（特許権を目的としているので8年で償却）の未償却残額に，取得に要した費用を加算して，取得価額とします（法基通7-3-15）。

社内の研究スタッフによる発明を会社で特許権登録する場合で，その者に一時金を支払うときは，その一時金も取得価額に算入します。

なお，現在は削除された通達（法基通7-3-14（注））には，自己の行った試験研究に基づく工業所有権の出願料，特許料その他登録のために要する費用の額は，取得価額に算入しないことができる，とありました。これにより，自己が行わなかった場合の取得（購入）にあたっての登録費用は取得価額に算入するという考えが導き出されることから，他者からの購入の場合の登録費用は取得価額に算入するのが適正な処理と考えられてきました。ところが，上記（1）記載の会社法の改正により試験研究費は全額費用計上することになったことで，この通達が削除されたことから，購入の場合の登録費用についても，上記（1）記載の法人税基本通達7-3-3の2が適用される可能性があると考えられています。

（3）　少額資産

　賃貸用として取得した一定の場合を除き，1件当たりの取得に要した費用合計が10万円未満であれば一括損金処理し，10万円以上20万円未満であれば3年間で償却し，中小企業者等であれば30万円未満で1事業年度当たり年間合計300万円までであれば一括損金算入することができます（法令133・133の2，措法67の5，措令39の28，法基通7-1-11・7-1-12）。

3　減価償却

　特許権の減価償却費は耐用年数8年，定額法で計算します（耐令別表三・法令48の2①四）。

| 関連解説 |

所得税の取扱い

　法人税上は，特許権の出版料・登録免許税等の登録費用は，前記2（1）のとおり資産計上しないことも認められていますが，所得税の取扱いでは，個人の帳簿記録が不十分である可能性を前提に，登録により権利が発生する資産については登録費用を資産計上することとなっています（所基通49-3）。

Q47　特許権の評価損

　当社は５年前，特殊な冷凍技術等に関連する特許の１つを第三者から取得し，特定業者への保冷剤を製造販売してきましたが，納入先の業者が廃業することになったため，当社も本製品の製造を停止することとなりました。そこで，元の特許権利者に買い戻しを打診しましたが断られてしまい，結果として利用価値が０になってしまいました。この場合，法人税上残額を一括損金として処理することは可能でしょうか。

A··

SUMMARY⟩　事業の用に供されないことが明らかであれば，一括損金処理は可能と考えられます。

(Reference)　法基通９‐１‐16

DETAIL⟩

1　評価損が認められる場合

　特許権は法人税上の無形固定資産に該当します。

　したがって，評価損の計上は原則として認められていませんが，前述（**Q45**参照）のとおり，一部例外があります。

　例えば，やむを得ない事情によりその取得の時から１年以上事業の用に供されないため，その固定資産の価額が低下したと認められる場合には，評価損を計上することができる（法基通９‐１‐16）という考えがあります。

　本問は，取得の時からではありませんが，事業の用に供さないことが明らかであり，売買価額もつかないことから，評価損は認められると考えられます。

　ただし，前述（**Q45**参照）したように，その特許権が他の製品等の製造に全く関係がなく，対象となる製品等を二度と製造することがないという，客観的にみてやむを得ない事情を，事業廃止の経緯・経営判断プロセス等から明確に

記録に残すとともに，実際に二度と事業の用に供さない実態が必要です。また，特許料の支払期限が到来しても継続せず，支払をストップします。

2 除却損が認められる場合

（1） 特許権の存続期間

特許権の存続期間は，出願から原則として20年（特許法67①）とされています。存続期間は出願時からカウントされるため，審査期間が仮に3年かかれば，有効期間は残り17年間ということになります。医薬品等については，安全性確認や臨床検査等の期間を考慮し，存続期間の延長制度があり，5年間を限度として延長登録の出願をすることができます（特許法67②）。

なお，特許料の減免や猶予を一定期間受けることが可能な場合もありますが（特許法109），特許料を滞納した場合，原則として6ヵ月以内に追納しなければ，特許権は消滅します（特許法112・112の2）。

（2） 特許権の償却期間

特許権の法人税上の償却期間は8年間です。したがって，特許権の利用価値が存続期間いっぱいまで継続するような場合，存続期間よりも短期間で償却されます。

一方，5年程度で利用価値がなくなってしまっても，法人税上は8年間の償却期間としてのその年度分の償却限度額までしか損金処理できません。

（3） 特許権の消滅

本問においては，特許権の利用価値が0になったと判断していることから，例えば，追納期間内にも特許料を支払わないことで，特許権を消滅させることが考えられます。

前述（**Q45参照**）のとおり，無形固定資産の除却を証することは非常に困難です。

　ただし，本問では，権利の回復が見込めず，また，利用価値が実際になくなっていると考えられることから，同権利が消滅した時をもって除却することが可能と考えられます。

Q48 鉱業権

当社は，県有地の試掘権を取得し，調査したところ，十分な質・量の石灰石を確認することができました。そこで，正式に採掘権を得て事業化することを検討しています。登録免許税その他諸経費につき，鉱業権として会計上資産計上しようと思いますが，試掘権とは別途に計上すべきでしょうか。

また，減価償却方法について，税務署に申請する必要はありますか。

A ....

SUMMARY 採掘権と試掘権は別の権利ですが，試掘権の目的となる鉱物に係る鉱区について採掘権を取得した場合は，その試掘権の未償却残高に出願料・登録免許税等を加算して取得価額とします。

減価償却の計算では，耐用年数の認定について所轄税務署に申請します。生産高比例法以外の方法を選択したい場合も，所轄税務署への届出が必要です。

Reference 法基通7－6－1の2，耐令1②，法令48の2①5・53二ロ

DETAIL

1 鉱業権とは

登録を受けた一定の土地の区域（鉱区）において登録を受けた鉱物を掘採及び取得する権利をいいます。

鉱物は土地の所有者ではなく国が所有している資源とされていることから，国は出願者に開発を委ねることになります。そこで，鉱業出願し，許可を得る必要があります。

鉱業出願には，探査目的の試掘出願と，事業を目的とする採掘出願があり，通常はまず試掘出願をして試掘権を得ます。その後，事業化に必要な質・量が確認できれば採掘出願を行って採掘権を得ます。

　通常は採掘権の確保のため，その鉱区の土地を取得・保有しますが，所有できない場合もあります。自社以外の者が所有している土地の採掘権は租鉱権といいます。

　なお，採掘権は，登録された鉱物及び同種と認められた鉱物について権利があるため，登録した鉱区で別種の鉱物が発見され採掘する場合には，改めて採掘権を出願する必要があります。

2　有効期間

　試掘権の有効期間は原則2年間ですが，2回（石油は3回）まで延長可能であるため，最大6年（石油は8年）とすることができます。

　採掘権には特に期限はなく，必要な手続がなされれば，永久保持も可能です。租鉱権の存続期間は登録日から10年以内とされ，5年間まで延長可能です。6ヵ月間事業に着手しないか休業した場合，租鉱権は取り消されることになっています。

3　取得価額

　その有する試掘権の目的となっている鉱物に係る鉱区につき採掘権を取得した場合には，当該試掘権の未償却残額に相当する金額と当該採掘権の出願料，登録免許税その他その取得のために直接要した費用の額の合計額を当該採掘権の取得価額とします（法基通7-6-1の2）。

4　減価償却

（1）　耐用年数

　試掘権は，石油・アスファルト・可燃性天然ガスに係るものは8年，それ以外は5年で償却します（耐令1②）。

採掘権は，鉱区の採掘予定数量を，その鉱区の最近における年間採掘数量その他その鉱区に属する設備の採掘能力，その鉱区において採掘に従事する人員の数等に照らし適正に推計される年間採掘数量で除して計算した数を基礎として納税地の所轄税務署長の認定した年数となります。手続としては，納税地の所轄税務署長（鉱区の所在地ではありません）に，「採掘権，租鉱権，採石権又は坑道の耐用年数の認定申請書」「認定を受けようとする耐用年数の算定に関する明細書」により認定を受けようとする耐用年数を記載し，申請します。

（2）　償却方法

　鉱業権は定額法又は生産高比例法で償却します（法令48の2①五）。償却方法につき選定の届出をしなかった場合は，法定償却方法である生産高比例法により償却します（法令53二ロ）。

Q49　温泉利用権

当社はこのたび，福利厚生施設として保養所を取得しました。もともとは個人経営の旅館を，知人を介して購入したものですが，土地・建物のほか，温泉利用権がついています。購入価額を資産計上する際，土地・建物のほか，温泉利用権を区分して計上しなければなりませんか。また，法人税上償却は可能でしょうか。ちなみに，消費税は課税されていると考えてもよいですか。

A ···

SUMMARY　温泉利用権は無形固定資産として土地・建物とは別に区分して計上します。

水利権であれば法人税上20年で定額法により減価償却します。ただし，温泉利用権の種類等によっては契約期間等に基づき償却することとなります。

温泉利用権の購入は消費税上，課税取引となります。

Reference　耐令別表第三

DETAIL

1　温泉に関わる権利と取得価額

（1）　温泉権（源泉権・湯口権）

温泉源を利用する（温泉をくみ上げる）権利をいい，源泉地の土地の所有権とは別の権利であると考えられています。それは，源泉の掘削等が必ずしも土地の所有者により行われるとは限らず，また，土地の所有権とは別に譲渡される場合もあるからです。

温泉が湧出している源泉地の土地を温泉権とともに取得する場合は，土地と温泉権を区分する必要があります。土地については，近隣地で温泉が湧出しない土地の時価をもとに，当該土地の温泉が湧出しないとした場合の土地の時価

を算定します。温泉権については，市場性があればその時価又は取引事例をもとに算定し，それ以外の場合は収益還元法や原価法により算定します。

なお，農林水産省より，土地改良事業に伴い温泉利用権が消滅した場合の補償額が，以下のように定められています。時価ではありませんが，時価算定の参考になると考えられます。

●土地改良事業に伴う用地等の取得及び損失補償要綱

（温泉利用権の消滅に係る補償）
第20条　消滅させる温泉利用権に対しては，正常な取引価格をもって補償するものとする。
2　前項の正常な取引価格は，近傍類似の温泉利用権の取引価格を基準とし，一般の取引における価格形成上の諸要素を総合的に比較考量して算定するものとする。
3　前項の場合において，近傍類似の温泉利用権の取引事例がないときは，消滅させる温泉利用権に対しては，次の各号に掲げる額をもって補償するものとする。
　一　源泉に関する権利については，固定資産評価基準（昭和38年12月25日自治省告示第158号）に定める鉱泉地の基本価格に同基準に定める湧出量指数及び温泉地指数のそれぞれを乗じて得た価格に，当該鉱泉地の立地条件等を考慮して適正に算定した額。ただし，分湯している場合においては，次号に掲げる額を控除するものとする。
　二　分湯された権利については，前号の評価額を基準として分湯量の割合及び分湯条件等を考慮して適正に算定した額。
　三　未利用の温泉利用権であって，将来利用される見込みがあり，かつ，その収益が不確定なものについては，その温泉利用権に関して投下された適正な費用を現価に換算した額。

（2）　引湯権（いわゆる温泉利用権）

源泉から温泉を引き湯して利用する権利をいいます。別荘地等に温泉利用権付き，とうたってあるのはおおむねこの引湯権，又はさらにこの引湯権から温泉を分けてもらう分湯権です。

　引湯権・分湯権とも，土地・建物とは区分して温泉利用権として計上します。地域差はありますが，取引事例として100万円から300万円程度が多くみられます。通常は売買契約書で温泉権利金として土地・建物とは別に記載されており，有効期間は10年というケースが多いようです。

（3）　温泉入会権

　源泉地を共有で所有する場合で土地の持分を取得するときは，上記（1）により土地と温泉権を区分することになりますが，入会権（いりあいけん）の取得により温泉を利用することができる権利のみを取得する場合は，入会権の対価が温泉利用権になります。

2　耐用年数

　上記1（1）の温泉権は水利権の一種であり，耐用年数は20年です（耐令別表第三）。

　上記1（2）の引湯権・分湯権については，契約期間が20年より短く，かつ，延長しない場合は，その契約期間で償却します。延長が可能な場合であっても，その際，更新料として温泉利用権（権利金）を支払う場合は，延長前のその契約期間で償却します。

3　消費税

　消費税において非課税とされている土地は，土地の上に存する権利を含みます。この場合の権利とは，地上権，賃借権，地役権，永小作権などの土地の使用収益に関するものをいいます。したがって，鉱業権・温泉利用権等は含まれないため，課税取引に該当します。

Ⅲ　無形非減価償却資産

Q50　電話加入権

　当社はこのたび営業所を設置し，電話回線を新規設置するとともに，本社と同じ下4桁の番号を，第三者から買い取りました。

　設置の初期費用として，契約料・施設設備負担金・工事費・取付工事費・番号代金などがかかりましたが，電話加入権として資産計上しなければならないものでしょうか。

A ··

SUMMARY　電話加入権とは，「加入電話契約者が加入電話契約に基づいて加入電話の提供を受ける権利」であり，そのためには施設設備負担金（加入電話の提供を受けるために必要な，市内交換局から電話を引く建物までの回線の設置費用等の一部）を支払う必要があります。したがって，施設設備負担金を支払う場合は，電話加入権を取得するということであり，この場合は電話加入権として資産計上しなければなりません。この場合，施設設備負担金のほか，工事費等及び番号代金も電話加入権に計上します。ただし，屋内配線設備工事代について自己所有とする場合は器具備品として計上し，電話加入権に含めないことができます。

Reference　法令12①三・54①　法基通7-3-16

DETAIL

1　計上の必要性について

　電話加入権は，昔は高額な権利でしたが，今はその価値を認めるのは困難な状況であると考えられています。

　しかし，現行の法人税上では，土地や借地権と同様，減価償却が認められていない無形固定資産です（法令12①三）。したがって，たとえ10万円未満で

あっても資産計上しなければなりません。また，会計上減損処理しても，法人税上は評価損の計上は認められていません。

2　取得価額

　無形固定資産の取得であることから，取得のために直接要した費用はすべて取得価額に算入することとなります（法令54①）。したがって，回線料のほか，契約料・工事負担金等もすべて加算します。

　ただし，自己所有である電話機本体や屋内の配線設備については，別途，器具備品として計上します（法基通7－3-16）。

3　電気通信施設利用権

　携帯電話に加入する場合の費用は，電話加入権ではなく，電気通信施設利用権となります。いわゆる契約事務手数料であり，減価償却資産に該当することから，10万円未満であれば全額一括損金算入することができます。

4　相続税における評価

　電話加入権を相続により取得した場合，令和3年1月以降は家庭用財産として評価されることとなり，その結果，「電話加入権」という個別の資産として認識する必要はなくなりました。

Q51 温室効果ガス排出量規制

　当社はある製品の販売が非常に好調であることから，大量生産のために
その製品製造用の工場の増築を予定しています。しかし，それを実行する
と，温室効果ガスの報告義務が生じることがわかりました。

　そこで，SDGsを鑑みて，他企業から排出クレジットを購入してみよう
かと考えています。費用対効果等を鑑みながら今後の設備投資や事業展開
を検討するうえで，この取引が法人税上どのような処理となるかが重要な
ポイントであると考えています。

　クレジットを購入すると，無形固定資産となるのでしょうか。また，償
却することは可能でしょうか。

A

SUMMARY　自社が使用する予定で排出クレジットを購入した場合，法人税上は，
無形固定資産又は投資その他の資産の購入として処理し，減価償却はしません。使
用（無効化）時には販売費及び一般管理費（国に対する寄附金）として帳簿価額を
損金計上します。消費税上は，取得した時点で課税仕入れ（資産の譲渡等に該当し
ない取引に要するもののため，個別対応方式で処理する場合は，通常は共通課税仕
入れ）として仕入税額控除の対象となりますが，外国法人から購入した場合は国外
取引とされ課税対象外となり，外国法人に売却した場合は輸出免税となります。

DETAIL

1　制度の概要

(1)　J-クレジット制度

　日本国が認証する制度です。二酸化炭素やメタンなどの温室効果ガスの排出
削減量や吸収量などを「クレジット」として認証しています。

　この「クレジット」は，カーボンオフセットなどの用途に使うことができま

す。

（2）　排出クレジットの取引

　温室効果ガスの排出量が規定を下回った場合は，その下回った部分に相当する超過削減量（クレジット）が交付され，これを他社に売却できます。規定を上回った場合はその上回った部分に相当するクレジットを他社から金銭で取得し，そのクレジットを無効化することで削減義務に充当します。

　現在クレジットの市場はありませんが，仲介業者（オフセットプロバイダー）を通じて売買できます。ただし，排出規制は日本ではまだペナルティが規定されていないことから，クレジットを積極的に金銭で取得するケースはごくわずかです。

　なお，政府は2023年に取引市場を導入予定ですが，強制的に参加させるのではなく，参加することで企業が補助金等のインセンティブを受けることができる等により市場取引を増やす方針です。

2　会計処理

　会計制度上は，平成21年，企業会計基準委員会が，京都メカニズムによるクレジット及び試行排出量取引に関する当面の取扱いを発表しています（企業会計基準委員会実務対応報告第15号「排出量取引の会計処理に関する当面の取扱い」平成21年6月23日最終改正）。前記1のクレジットの取扱いについて，企業会計基準委員会から，基本的には試行排出量取引に準ずる処理で問題ないとの見解が出されています。

　なお，J－クレジット制度が義務化された場合には改正される可能性もあります。

（1）　販売目的で購入する場合

　通常の棚卸資産と同様の取扱いとなります。すなわち，排出クレジットの引渡時において取得価額で計上し，期末における時価が下落している場合は期末

時点の時価（正味売却価額）に評価換えします（棚卸資産の評価に関する会計
基準 7 ）。

（2）　自社使用のために購入する場合

　無形固定資産又は投資その他の資産の購入として処理します。減価償却はし
ませんが，減損会計の対象となります。

　自社の排出量削減に充てられたとき（政府保有口座へ償却目的で移転したと
き）や，移転が確実と見込まれるとき等は，販売費及び一般管理費として費用
処理します。

（3）　無償で取得した場合

　事後精算方式で，最初に無償で排出枠を取得した場合，取得時には何ら処理
しません。複数年で目標を達成するため，うち一事業年度における取引は暫定
的であることから，最終年度で精算します。その結果，枠を超えた場合はその
超えた部分のクレジットを購入して費用計上（未達が見込まれる場合は引当金
繰入）し，目標達成した場合（又は見込まれた場合）は，利益に計上します。

3　税務上の処理

　国税庁の文書回答事例で照会結果が開示されています（J－クレジットは
「国内クレジット」と「オフセット・クレジット（J-VER）」が統合された制
度であり，文書回答事例では，統合前の制度でそれぞれ照会されています）。

（1）　販売目的で購入する場合

- 棚卸資産となります。
- 消費税は課税仕入れです。

（2）　自社使用のために購入する場合

- 無形固定資産又は投資その他の資産となります。
- 消費税は課税仕入れ（個別対応方式の場合は共通売上対応課税仕入れ）となります。

（3）　自社使用（無効化）した場合

- 販売費及び一般管理費となります。国への寄附金として損金算入されます。

　　なお，本来であれば無償譲渡なので時価相当額の寄附となりますが，市場がなく売買事例も公表されておらず，また，国への寄附なので，課税上弊害はないと考えられることから帳簿価額で寄附金処理します。
- 消費税の処理はありません（不課税取引）。

（4）　第三者に売却した場合

- 資産の売却となります。
- 消費税は課税売上となります。

第5章

繰延資産

Ⅰ　定義・概要

Q52　繰延資産とは何か

> 当社はこのたび，子会社を設立しました。開業に向けて事務所等を賃借
> し，1 年以内に第三者割当増資又は社債発行による資金調達を計画してい
> ます。これらの費用につき，会計制度上と法人税上の処理で異なるケース
> がありますか。

A ·····

SUMMARY〉　開業に向けての事務所等の賃借費用は，会計制度上は開業費として
繰延資産に計上することもできますが，法人税上は費用とされます。社債発行費や
企業規模拡大のための増資に係る株式交付費は，会計制度上も法人税上も「社債発
行費等」法人税上は「社債等発行費」又は「株式交付費」として繰延資産計上する
ことができます。

　会計上，これらの費用を繰延資産に計上した場合，一定期間で一定の方法で償却
しなければなりません。法人税上，繰延資産は随時償却（任意償却）ですが，損金
経理が要件であるため，結果として会計上の処理に準ずることとなります。

（Reference）　法法 2 二十四・32①，法令14①・64①一・二

DETAIL〉

1　会計制度上の繰延資産

　繰延資産について会社計算規則には，繰延資産として計上することが適正で
あるもの，とだけ規定されています。また，償却期間についても，相当の償却
をしなければならない，としか規定されていません。

　そこで，実務上は，企業会計基準委員会から出されている「繰延資産の会計
処理に関する当面の取扱い」（実務対応報告第19号，平成22年 2 月19日改正）

により処理することとなります。

これによれば，以下の5つが繰延資産とされています。

（1）　株式交付費

新株発行や自己株式の処分にかかる費用をいいます。例えば，株式募集の広告費・金融機関の手数料・証券会社の手数料・目論見書や株券等の印刷代・変更登記費用や登録免許税等がこれに該当します。

これらの費用は原則として支出時の費用とされますが，企業規模拡大のための資金調達や組織再編の対価としての株式交付という目的のためであれば，繰延資産に計上することができます。この場合，株式交付から3年以内のその効果の及ぶ期間にわたって定額法により償却しなければならないとされています。

なお，株式分割や無償割当等のための株式交付費は，繰延資産には計上できません。この場合には，これらの費用を販売費及び一般管理費に計上することができます。

（2）　社債発行費等

社債発行や新株予約権の発行にかかる費用をいいます。例えば，社債募集の広告費・金融機関の手数料・証券会社の手数料・目論見書や社債券等の印刷代・登記費用や登録免許税等がこれに該当します。

これらの費用は原則として支出時の費用とされます。

ただし，この社債発行費や，資金調達・組織再編対価としての新株予約権の発行費は，繰延資産に計上することができます。また，新株予約権付社債を一括法により処理するときの発行費は繰延資産に計上します。この場合，社債発行費は償還期間まで利息法（継続適用であれば定額法も可），新株予約権の発行費は発行から3年以内のその効果の及ぶ期間にわたって定額法により償却しなければならないとされています。

（3）　創立費

　設立された会社が負担すべき設立費用をいいます。例えば，定款・諸規則作成の費用・株式募集等の広告費・目論見書や株券等の印刷代・創立事務所の賃借料・設立事務の使用人給与・金融機関の手数料・証券会社の手数料・創立総会のための費用・定款記載で創立総会の承認を受けた発起人報酬・設立登記費用や登録免許税等がこれに該当します。

　これらの費用は原則として支出時の費用とされますが，繰延資産に計上することもできます。この場合，会社成立から5年以内のその効果の及ぶ期間にわたって定額法により償却しなければならないとされています。

（4）　開業費

　会社成立後から営業開始時までの開業準備のために直接支出した費用をいいます。例えば，不動産の賃借料・広告宣伝費・通信交通費・事務用消耗品費・支払利息・開業業務の使用人給与・保険料・電気ガス水道料等がこれに該当します。

　これらの費用は原則として支出時の費用とされますが，繰延資産に計上することもできます。この場合，開業のとき（営業の一部開業も含む）から5年以内のその効果の及ぶ期間にわたって定額法により償却しなければならないとされています。

（5）　開発費

　新技術又は新経営組織の採用・資源の開発・市場の開拓等・生産能率の向上又は生産計画の変更等による設備の大規模な配置替え等の費用（経常費を除きます）をいいます。ただし，研究開発費^(注)を除きます。

　これらの費用は原則として支出時の費用とされますが，繰延資産に計上することもできます。この場合，支出のときから5年以内のその効果の及ぶ期間にわたって定額法又はその他の合理的な方法により規則的に償却しなければならないとされています。

(注) 「研究開発費等に係る会計基準」に該当する研究開発費は，発生時の費用処理となります。この場合の研究とは，新しい知識の発見を目的とした計画的な調査・探究をいい，開発とは，新しい製品・サービス・生産方法についての計画・設計，既存製品等を著しく改良するための計画・設計として，研究の成果その他の知識を具体化することをいいます。

2　法人税上の繰延資産

（1）　定　義

　法人税上の繰延資産は，法人が支出する費用のうち支出の効果がその支出の日以後1年以上に及ぶもので，資産の取得費や前払費用（一定の契約に基づき，継続的に役務の提供を受けるために支出する費用のうち，期末においてまだ提供を受けていない役務に対応するもの）を除きます。会社計算規則と5項目まではほぼ同じですが，それ以外の費用もあります。具体的には以下が列挙されています（法法2二十四，法令14①）。

① 創立費

　設立された会社が負担すべき費用で設立のためのものをいいます。発起人報酬・設立登記費用や登録免許税等がこれに該当します。

② 開業費

　会社成立後から営業開始時までの開業準備のために特別に支出した費用をいいます。

③ 開発費

　新技術又は新経営組織の採用・資源の開発・市場の開拓のために特別に支出した費用をいいます。

④ 株式交付費

　自己の株式の交付のために支出する費用をいいます。株券等の印刷代・増資の登記費用や登録免許税がこれに該当します。

⑤ 社債等発行費

社債券等の印刷代などの社債発行や新株予約権の発行にかかる費用をいいます。

⑥　上記以外

- 自己が便益を受ける公共的又は共同的施設の設置・改良費用
- 資産を賃借又は使用するために支出する権利金・立退費用等
- 役務の提供を受けるために支出する権利金等
- 製品等の広告宣伝用に供する資産を贈与したことにより生ずる費用
- その他，自己が便益を受けるために支出する費用

そのほか，**Q42** や **Q69** のとおり，無形固定資産として限定列挙されているもの以外は，会計制度上と異なり，繰延資産で処理することになります。

（2）　償却費

損金経理を要件として，その支出の効果が及ぶ期間をもとに算定した金額とされています（法法32①）。

上記（1）①〜⑤については随時償却（任意償却）とされています（法令64①一）。したがって，会計上の処理と一致することとなります。

上記（1）⑥については，その繰延資産の額を効果の及ぶ期間（月数）で除してその事業年度の月数（支出した事業年度においては支出日から期末までの月数）を乗じて算定した額となります（法令64①二）。ただし，その効果の及ぶ期間の判断が困難であるとして，典型的なケースについては法人税基本通達（8 - 2 - 1，8 - 2 - 3，8 - 2 - 4，8 - 2 - 5）で定めています。

3　会計制度上と法人税上の差異

（1）　創立費

ほぼ同定義ですが，創立時の株券の印刷代等は，会計制度上は創立費，法人税上は株式交付費とされます。

（2） 開業費

　会計制度上開業費に計上される，不動産の賃借料・支払利息・開業業務の使用人給与・電気ガス水道料等について，法人税上は「特別に」支出したものではなく経常的な費用であるため，開業費には該当しません。また，開業のためのパーティ費用等で法人税上の交際費に該当するものが会計上繰延資産として計上されていても，支出時における交際費とされます（加算（流出）対象とされ，繰延資産のうち交際費部分は減算（留保））。

（3） 開発費

　生産能率の向上又は生産計画の変更等による設備の大規模な配置替え等の費用について，法人税上は開発費とはされず，対象となる機械装置の取得価額や経費に計上します（法基通 7 - 3 - 12）。

　資源開発のための調達資金に係る支払利息については，経常的な費用ではなく，あくまで資源開発に要する多額のコスト（地質調査・ボーリング等）に係るものであることから，繰延資産の計上対象となり，会計制度上の繰延資産と一致すると考えられます（法基通 8 - 1 - 2）。

　なお，開発等のための固定資産の取得に係る金利は，その取得前に係る金利であっても，繰延資産には該当せず，その固定資産の取得価額に含める（または，損金経理により損金算入する）ことになります。

（4） 株式交付費

　企業規模拡大のための資金調達や組織再編の対価としての株式交付という目的以外の株式交付費は，会計制度上は費用計上とされ，法人税上は繰延資産とされます。

（5） 社債発行費等（社債等発行費に該当）

　資金調達や組織再編の対価としての新株予約権以外の新株予約権の発行費は，会計制度上は費用計上とされ，法人税上は繰延資産とされます。

4　上記2（1）①～⑤の繰延資産に係る実際の処理

　上場企業等の場合，よほどの規模の増資等でない限り，通常は繰延資産に計上せず，費用計上します。

　会計監査不要の中小企業で赤字の場合，欠損金の繰越期限を鑑みて，費用計上できるものであっても，あえて繰延資産に計上することがあります（法人税上で資産計上が選択できずに費用とせざるをえない場合を除き，会計制度上繰延資産に計上できる金額については極力，繰延資産として会計処理する場合です）。このような場合の償却費は，法人税上は随時償却（任意償却）とされていることから，会計処理した償却額が法人税上の償却費となります。

　なお，法人税上の償却限度額は会計処理した損金経理額であるため，減価償却超過額が発生することはなく，償却超過額としての加算（留保）はありません。

5　上記2（1）⑥の繰延資産

　会計制度上費用とされる費用であっても上記2（1）⑥のような費用は法人税上は繰延資産に計上する必要があります。この場合，会計上は長期前払費用として計上し，以後，各期において費用処理するか，法人税申告上で加算（留保）し，以後，各期において法人税上の償却費を減算（留保）処理します。

Ⅱ　会計制度上の繰延資産との相違等

Q53　創立費・開業費

　　当社は，特殊なビジネスモデルの会社として新設したことから，設立に際して，通常の登記費用や各種書類の作成料のほか，ビジネスの構築及び機密漏えい防止のため，数ヵ月にわたる会議費・旅費交通費が発生しました。また，設立登記後も，開業準備として引き続き会議費や交通費が発生し，さらに，明日は記者会見を兼ねて開業記念パーティを行う予定です。売上はまだありません。

　　創立費や開業費として，このような会議費等も計上してよいでしょうか。

A ···

SUMMARY　法人設立のための費用や特別に支出した開業準備費用であれば，会議費等であっても繰延資産に計上できます。ただし，法人税上の交際費や寄附金・使途秘匿金等が含まれている場合は，損金に算入されません。

Reference　措通61の4(1) - 1〜61の4(1) - 24・61の4(2) - 7

DETAIL

1　交際費等の処理

　開業等に際して支払う飲食代・会議場代・交通費等であっても，法人税上の交際費等に該当する経費があれば，交際費の損金不算入規定の適用があります。

　この場合，創立費又は開業費として会計上繰延資産に計上されているのであれば，損金経理されていないため，法人税の申告（更正の請求を除く）にあたっては，交際費等の額を損金処理（減算・留保）し，損金に計上できない額については損金不算入（加算・流出）とすることになります（計算例（初年度）参照）。翌期に繰延資産を償却したら，法人税の課税所得に加算（留保）

します（計算例（次年度）参照）（措通61の 4 (2)− 7 ）。

計算例（本例では交際費の定額控除等を考慮していません）

●**創立費1,000（うち法人税上の交際費100）**

	会計上	法人税調整	
初年度	0 償却 （全額資産計上）	減算（留保）	100
		交際費加算（流出）	100
次年度	1,000償却	加算（留保）	100

2　交際費等の範囲

　交際費等とは，交際費，接待費，機密費その他の費用で，法人が，その得意先，仕入先その他事業に関係のある者等に対する接待，供応，慰安，贈答その他これらに類する行為（以下「接待等」といいます）のために支出する費用をいいます。

　ただし，次に掲げる費用は交際費等から除かれます。

(1)　専ら従業員の慰安のために行われる運動会，演芸会，旅行等のために通常要する費用

(2)　飲食その他これに類する行為（以下「飲食等」といいます）のために要する費用（専らその法人の役員若しくは従業員又はこれらの親族に対する接待等のために支出するものを除きます）であって，その支出する金額を飲食等に参加した者の数で割って計算した金額が5,000円以下（その会社の適用している消費税等の経理処理（税抜または税込経理方式）により算定した価額）である費用

　なお，この規定は次の事項を記載した書類等を保存している場合に限り適用されます。

①　飲食等の年月日

②　飲食等に参加した得意先，仕入先その他事業に関係のある者等の氏名

又は名称及びその関係

③　飲食等に参加した者の数

④　その費用の金額並びに飲食店等の名称及び所在地（店舗がない等の理由で名称又は所在地が明らかでないときは，領収書等に記載された支払先の名称，住所等）

⑤　その他参考となるべき事項

(3)　その他の費用

①　カレンダー，手帳，扇子，うちわ，手ぬぐいその他のこれらに類する物品を贈与するために通常要する費用

②　会議に関連して，茶菓，弁当その他これらに類する飲食物を供与するために通常要する費用

③　新聞，雑誌等の出版物又は放送番組を編集するために行われる座談会その他記事の収集のために，又は放送のための取材に通常要する費用

（平元．3直法2-1，措令37の5，措規21の18の4，平18改正措法附則102）

Q54　随時償却（任意償却）

当社は，創業3年目の会社です。会計監査は受けておらず，税務基準で決算書を作成しています。今期及び来期以降も当分の間，利益が出る見込みが立たず，創立費は創業以来一度も償却していません。会計上は5年間で償却すべきと聞きましたが，6年目以降で会計上償却した場合，法人税上も損金にできますか。

A ···

SUMMARY　　損金算入できます。

Reference　　法法32，法令64・65

DETAIL

1　法人税上の償却費

法人税上は，損金経理を要件としてその支出の効果が及ぶ期間をもとに算定した金額を償却費として損金算入します（法法32）。

創立費・開業費・開発費・株式交付費・社債等発行費については，償却限度額がこれらの繰延資産の額までとなっています（法令64①一）。

したがって，その事業年度において償却費として損金経理した金額のうち，償却限度額である創立費の残存価額（一度も償却していなければ総額）まで損金算入できます（法令64・65）。

なお，損金経理していない場合は，法人税上損金算入できません。

2　償却限度額

上記により，創立費・開業費・開発費・株式交付費・社債等発行費について法人税上の償却限度額は，会計上損金経理した金額と同額となります。

Q55 開 発 費

当社は，低燃費対応のための車両車体の素材開発をしています。

これに係るコストは，会計上は研究開発費として一括費用計上していますが，親会社が IFRS 適用会社となる可能性があるため，子会社である当社にも，進捗管理等を徹底して，資産計上すべきものがあるか検証する必要が生じています。研究開発費のうち資産計上すべきものがあるとなった場合，法人税上の償却はどのように処理すればよいでしょうか。

A ··

SUMMARY〉 会計上の処理と同じになります。

Reference〉 法法2二十四・32①，法令14・64①一・二

DETAIL〉

1 IFRS の影響

　会計制度上，現行は「研究開発費等に係る会計基準」により，新知識の発見を目的とした計画的な調査・探究や，新製品・新サービス・生産方法の計画・設計，また，既存製品等を著しく改良するための計画・設計として研究の成果その他の知識を具体化するための費用は，研究開発費とされ，発生時の費用として処理されます。法人税上も損金経理されることで損金算入されます。

　ただし，IFRS（国際財務報告基準）いわゆる国際会計基準の導入により，研究開発費は研究と開発に区分し，研究局面（新しい科学的・技術的な知識及び理解を得る目的で実施される基礎的・計画的調査）については費用処理を，開発局面（事業上の生産又は使用開始前の，①新しい又は大幅に改良された材料・機械・製品・工程・システム，②サービスによる生産のための計画・設計に関する研究成果又は知識の応用）のうち将来の収益を獲得できる見込みがあるもの等については資産計上が求められます。

　仮に資産計上すべきとされた場合，会計上のインパクトだけでなく，法人税上も資産計上される（法人税上は損金経理されていなければ損金処理が認められないため）こととなることから，一時の損金処理の場合に比べ，その期の法人税等の負担額が高くなることになります。

2　法人税上の開発費償却

　法人税上は前述（**Q52**参照）のように，随時償却（任意償却）とされています。したがって，会計上開発費として資産に計上され，償却費が損金経理されていれば，その損金経理された額が，法人税上の損金とされます。

　繰延資産として計上された諸経費の中に，交際費等に該当する費用があれば，前述（**Q53**参照）のように処理します。

Q56 株式交付費

当社はこのたび，新規事業に必要な工場建設資金を調達するため，第三者割当増資を行いました。非公開会社であり株券発行会社であることから，臨時株主総会の基準日公告代・株券の印刷費・増資の登記費用・登録免許税などの諸経費がかかりました。

これらは株式交付費として資産計上しなければなりませんか。また，資産計上する場合，何年間で償却することになりますか。

A ....

SUMMARY〉 資産計上する必要はありません。資産計上した場合でも，その事業年度後の法人税において会計上費用計上された償却費の額は損金算入できます。

(Reference) 法法2二十四・32①，法令14・64①一・二

DETAIL 〉

1 会計上の処理

前述（**Q52**参照）のとおり，企業規模拡大のための資金調達を目的とした増資に関する株式交付に関する費用は，会計制度上は繰延資産としての計上も可能ですが，支出時の費用とすることが原則です。

繰延資産に計上した場合，効果の及ぶ期間（ただし3年間が限度）で定額法により償却します。

2 法人税上の処理

法人税上は，企業規模拡大等の目的でなくても繰延資産計上が可能です。ただし，償却費については損金経理が損金算入の要件であることから，会計上費用として処理した額までは損金算入できます。

Q57　社債発行費等

当社はこのたび，新店舗建設のため，縁故者私募債を発行したところ，コンサルティング会社への報酬・印刷費・郵送料などの諸経費がかかりました。

これらは社債発行費等として資産計上しなければなりませんか。また，資産計上する場合，何年間で償却することになりますか。

A ··

SUMMARY　資産計上する必要はありません。資産計上した場合でも，その事業年度後の法人税において会計上費用計上された償却費の額は損金算入できます。

Reference　法法 2 二十四・32①，法令14・64①一・二

DETAIL

1　会計上の処理

前述（Q52参照）のとおり，社債発行の費用は，支出時の費用としても繰延資産としても計上可能です。

繰延資産に計上した場合，償還期間まで（ただし 3 年間が限度）利息法（継続適用なら定額法も可）により償却します。

2　法人税上の処理

法人税上も繰延資産計上が可能です。ただし，償却費については損金経理が損金算入の要件であることから，会計上費用として処理した額までは損金算入できます。

Q58 社債発行費等償却

当社は，7年前に10年間の私募債を発行し，社債発行費を毎年償却してきました。このたび，全額買入消却を行いましたが，社債発行費等の残額は，一時の損金として処理してもよいのでしょうか。

A ....

SUMMARY〉 損金経理により一時の損金算入ができます。

Reference 法法2二十四・32①，法令14・64①一・二

DETAIL 〉

前述（**Q52**参照）のとおり，法人税上は随時償却（任意償却）できます。したがって，会計上残額を一時の費用として損金経理した場合は，その期に残額全額を損金算入できます。

Q59　新株予約権発行費

　当社は上場準備会社です。このたび，主要取引先や役員・従業員に対し時価で新株予約権を付与することとなり，新株予約権の評価額の算定報酬・登記費用・登録免許税などの諸経費がかかりました。
　これらは社債発行費等として資産計上しなければなりませんか。また，資産計上する場合，何年間で償却することになりますか。

A ···

SUMMARY　資産計上する必要はありません。資産計上した場合でも，その事業年度後の法人税において会計上費用計上された償却費の額は損金算入できます。

Reference　法法 2 二十四・32①，法令14・64①一・二

DETAIL

1　会計上の処理

　株式上場に向けてのインセンティブ目的で新株予約権を発行したのであれば，繰延資産ではなく，経費に計上しなければなりません。
　ちなみに前述（**Q52参照**）のとおり，資金調達や組織再編の対価としての新株予約権の発行費であれば，繰延資産として計上することもできます。繰延資産に計上した場合，効果の及ぶ期間（ただし 3 年間が限度）で定額法により償却します。

2　法人税上の処理

　法人税上は繰延資産計上が可能です。ただし，償却費については損金経理が損金算入の要件であることから，会計上費用として処理した額までは損金算入できます。

Q60 合併した場合の繰延資産

　当社は先日Ｂ社と税制適格合併しました。Ｂ社は社債を発行しており，貸借対照表上に社債発行費等が計上されています。社債の償還期間は５年間で，あと２年後に償還ですが，一度も償却したことがありません。この場合，法人税上の合併受入処理はどのようになりますか。

A ···

SUMMARY　原則として，法人税上の帳簿価額で受入処理します。Ｂ社の社債発行費等より低い額で受入処理した場合には，差額は損金経理したものとみなされます。

Reference　法法62の２・32⑦，法令66の２

DETAIL

1　適格合併による受入処理

　税制適格合併した場合，資産・負債は法人税上の帳簿価額で受入処理します（法法62の２）。

　なお，法人税上の社債発行費等の償却は，損金経理を要件とした随時償却（任意償却）であるため，貸借対照表上に社債発行費等が計上されているということは，通常は法人税上の未償却額が計上されています（仮に合併直前にＢ社の法人税の申告書において社債発行費等として加算（留保）されている金額があれば，貸借対照表上の額とその加算された額の合計額が，法人税上の社債発行費等となります）。

2　損金経理額

　被合併法人等から税制適格合併等により引継ぎを受けた繰延資産につき，被合併法人等の合併等の直前の法人税上の帳簿価額より引継価額が低い場合，そ

の差額は損金経理されたものとみなします（法法32⑦，法令66の２）。

　したがって，本問において，仮に０円で受入処理をした場合は，Ｂ社の合併直前の社債発行費等を全額損金経理したものとして損金算入できます。

3　非適格合併による受入処理

　税制非適格合併であれば，時価換算して受入処理することとなります（前述**Q27**参照）。したがって，例えば被合併法人の創立費などは合併後において時価０円になると考えられます。その場合は，０円で受入処理することとなります。

関連解説

被合併法人が負担した新設合併費用（創立費）

　創立費は，創立された会社が負担すべき費用をいいます。したがって，例えばＡ社とＢ社が合併するにあたり，新会社Ｃ社を設立してそこにＡ・Ｂ社が吸収される新設合併の場合において，Ｃ社の設立費用をＡ・Ｂ社が負担したときは，Ｃ社における創立費とすることはできません。

Ⅲ　法人税特有の繰延資産

Q61　共同的施設

　当社は駅前商店街に店舗を構えています。このたび，設置から相当年数が経過したことからアーケードの屋根を大規模修繕することになりました。また，駅前にベンチを新たに設置する計画もあります。これらの費用は分割で支払う予定です。アーケードは当社の店舗の利用者にとって便益があると考えられるため，法人税上の繰延資産として計上しなければならないのでしょうか。また，駅前のベンチについては当社にとって何ら影響が考えられないため寄附金処理することは可能でしょうか。なお，分割払いの場合，未払金として全額を繰延資産に計上することは可能ですか。

A ···

SUMMARY　アーケードの負担金は繰延資産に該当します。駅前ベンチの負担金は損金算入できます。分割払いは原則として支払時の繰延資産になりますが，３年以内の分割払いや，一定条件下であれば未払金として全額を繰延資産に計上できます。

Reference　法法２二十四・32，法令14①六・134・64①二，法基通８－１－４・
　　　　　　８－１－13・８－３－３・８－３－４・８－２－３

DETAIL 〉

1　共同的施設

　自社が便益を受ける共同的施設の設置・改良費用で，その効果が支出の日以後１年以上に及ぶもので20万円以上であれば，法人税上の繰延資産とされます（法法２二十四，法令14①六・134）。

　この費用は，具体的には，所属する協会，組合，商店街等の行う共同的施設の建設・改良に要する費用の負担金をいいます（法基通８－１－４）。例えば，

会館・共同展示場・アーケード・日よけ等がこれに該当します。

2　自己が便益を受けない施設等の費用

　自社が便益を受けるために負担する費用は自社が負担せざるをえませんが，直接的な便益を受けず，本来であれば地方公共団体等が負担すべき費用の一部を負担せざるを得ない場合があります。例えば，一般公衆の便益に供される街路の簡易舗装・街灯・がんぎ等の設置・改良のための負担金です。これらに該当する場合は，繰延資産に計上せず支出時の費用として損金算入することができます（法基通 8 - 1 -13）。

3　寄附金

　共同的施設が本来の目的以外に利用される場合は，その部分に係る負担金は寄附金となります。例えば，会社が所属する協会等が会館を建設するにあたって負担した費用で，その会館が賃貸されるような場合は，その賃貸に係る部分の負担金は会社が所属する協会等に対して寄附したものとされ，寄附金の損金不算入規定の対象とされます（法基通 8 - 1 - 4 ）。

4　未払金

　繰延資産に計上するためには支出していることが原則であるため，分割払い等で未払分があれば，その未払部分は原則として繰延資産に計上することはできません。ただし，以下の(1)又は(2)の場合は未払金処理して繰延資産を計上することができます（法基通 8 - 3 - 3 ・ 8 - 3 - 4 ）。
　(1)　分割して支払う期間がおおむね 3 年以内であること
　(2)　以下のすべての条件をクリアすること
　　①　その負担金の額が，その負担金に係る繰延資産の償却期間に相当する

　　期間以上の期間にわたり分割して徴収されるものであること

②　その分割して徴収される負担金の額がおおむね均等額であること

③　その負担金の徴収がおおむねその支出に係る施設の工事の着工後に開始されること

5　償　　却

　商店街等における共同のアーケード・日よけ・アーチ・街灯等に係る繰延資産の償却期間は，原則として5年です。ただし，これらの各施設につき定められている耐用年数が5年未満であればその耐用年数で償却します（法基通8-2-3）。

　償却方法は残存価額0円で期間按分します（法法32，法令64①二）。

Q62　公共的施設

当社は，本社ビルを改築しました。その際，セットバックし，道路を県に寄附するとともに，舗装費を負担しました。ただし，舗装費については補助金が出ました。当社の損失額は県への寄附金として処理できますか。

A ···

SUMMARY　寄附金にはならず，繰延資産となります。

Reference　法法2二十四・32，法令14①六・134・64①二，法基通8－1－3・8－2－3（注）1・8－3－1

DETAIL

1　公共的施設

自社が便益を受ける公共的施設の設置・改良費用で，その効果が支出の日以後1年以上に及ぶもので20万円以上であれば，法人税上の繰延資産とされます（法法2二十四，法令14①六・134）。

この費用は具体的には，次のようなものをいいます（法基通8－1－3）。

⑴　自己の必要に基づいて行う道路，堤防，護岸，その他の施設，工作物の設置・改良のために要する費用（国・地方公共団体が行う場合におけるその設置等に要する費用の一部の負担金を含みます）

⑵　自己の有する道路その他の施設・工作物を国や地方公共団体に提供した場合におけるその施設・工作物の価額に相当する金額

⑶　国・地方公共団体の行う公共的施設の設置等により著しく利益を受ける場合におけるその設置等に要する費用の一部の負担金（土地・借地権を有する場合で土地の時価上昇に基因して納付するものを除きます）

⑷　鉄道業・軌道業以外の法人が，鉄道業を営む法人の行う鉄道の建設にあたり支出するその施設に連絡する地下道等の建設に要する費用の一部の負

担金

2　便益を受ける寄附

　土地を地方公共団体に寄附した場合，本来は寄附金となります。

　しかし，この寄附により残存した土地の利用効率等や時価がアップしたことで，自己が便益を受けることを目的としたものと認められる場合は，その残存した土地の帳簿価額に取得価額として加算するか又は繰延資産として処理することとなります。

　本問においては，本社ビルの前の道路が拡大・舗装されたことにより土地の利用効率がアップしたと考えられるものの，従来から存していた道路の拡幅のためであることから，その受益の程度としては，寄附した土地を既にある道路と一体とした道路として利用する範囲にとどまるため，繰延資産に該当することとなります。

　なお，私道を地方公共団体に寄附した場合，帳簿価額で寄附したこととして処理することになりますが，自社で専ら利用している場合は，その利用に係る土地の帳簿価額に振替処理することとなり，寄附金は生じません（法基通7-3-11の5）。

3　繰延資産の額

　寄附した道路の土地の帳簿価額と，補助金を差し引いた自己負担分の舗装工事費の合計額が，繰延資産となります（法基通8-3-1）。

　ただし，国や地方公共団体に提供した固定資産がそのまま自己の便益を受ける公共的施設として利用される場合ではなく，仮に国や地方公共団体に対し支出すべき義務のある負担金の代わりに固定資産を提供した場合は，その提供した道路の時価相当額及び補助金を差し引いた自己負担分の舗装工事費が，繰延資産となります。このような場合で，寄附した道路の時価が取得価額等より高

いときは，譲渡益が発生して法人税等の課税対象になってしまいます（同時に計上された繰延資産は償却されますが（下記 4 参照），一時の損金にはならないため，課税が先に生じてしまいます）。ただし，寄附する場合には維持管理コストは国等が負担することとなるため，寄附が有利か不利かは，一時の税負担の有無だけでなく，総合的に判断するのがよいと思われます。

4　償　　却

公共的施設で，負担した者に専ら使用される場合は，その施設の耐用年数の70％相当年数，それ以外の場合はその施設の耐用年数の40％相当年数で償却します。本問のように道路用地を提供している場合は，舗装工事費も含めて耐用年数を15年とします。したがって，6年間（15年×40％）の償却期間で償却することとなります（法基通 8 - 2 - 3 （注）1 ）。

償却方法は残存価額 0 円で期間按分します（法法32，法令64①二）。

Q63 水道負担金

当社の工場が所在する地域において都市計画による上下水道の整備が行われ，その際，上下水道の設置負担金を支払いましたが，法人税上の繰延資産に該当しますか。また，その場合，償却期間は何年ですか。

A ··

SUMMARY 上水道の設置負担金は無形固定資産で15年償却，下水道の施設負担金はケースによりますが，繰延資産に該当する場合は6年償却です。

Reference 法令13八，法基通7-1-8・8-2-5

DETAIL

1 上下水道の設置等負担金

（1） 水道施設利用権

水道事業者（通常は市町村）に対して，水道施設を設けるために要する費用を負担し，その施設を利用して水の供給を受ける権利をいいます（法令13八）。

例えば，水道の加入負担金がこれに該当し，法人税上は無形固定資産とされ，耐用年数15年で定額法により償却します。消費税は課税仕入れとなります（消基通5-5-6（注）1）。

（2） 公共下水道施設使用負担金

公共下水道管理者（公共下水道の設置・管理等は市町村）に対する公共下水道を使用する排水設備の新設・拡張等にあたって必要な公共下水道を改築するための費用の負担金をいいます。法人税上は上記（1）の水道施設利用権に準じて処理します（法基通7-1-8）。

（3）　公共下水道受益者負担金

　地方公共団体が都市計画事業等により公共下水道を設置する場合で，その設置により著しく利益を受ける土地所有者が，都市計画法等により負担する受益者負担金をいいます（法基通 8 - 2 - 5 ）。法人税上は繰延資産とされ，償却期間は 6 年です。消費税は不課税となります。

（4）　共同的施設に該当する場合

　公共下水道施設使用負担金は，自社のみのための費用負担であれば無形固定資産（耐用年数15年）に該当しますが，例えば工業団地であれば共同的施設に該当することがあり，その場合は，繰延資産として 6 年間で償却することとなります。

2　本問の場合

　本問においては，上水道の設置負担金は水道施設利用権と考えられるため，無形固定資産として15年間で償却します（**Q42** DETAIL 参照）。下水道の設置負担金は地域開発によるものであることから，公共下水道受益者負担金と考えられるため，繰延資産として 6 年間で償却します。

Q64 建設協力金

　当社は，駅前開発による新築予定ビルに店舗を出すこととしました。建物が存続する限り賃借する予定ですが，それにあたって，建設協力金の負担を求められています。会計制度上と法人税上の処理が異なると聞きましたが，どのように処理すればよいでしょうか。また，敷金も支払いますが，この処理についても教えてください。

A...

SUMMARY 　建設協力金については，会計制度上は，原則として，返還予定部分の支払額と返済期日における返済額の現在価値との差額を前払家賃とし，預託期間に配分して経費に計上するとともに，返済額の現在価値と返済金額との差額を契約期間にわたって受取利息として計上します。法人税上は建設協力金の支払額をそのまま資産に計上しますが，返還されないこととなっている部分については繰延資産として計上し，その建物の耐用年数の70％相当期間で償却します。

　敷金については，会計制度上も法人税上も支払額をそのまま資産に計上しますが，転売できない敷金で返還されないこととなっている部分については，会計上は前払家賃として賃借期間に配分して経費とし，法人税上は繰延資産として5年間で償却します。

(**Reference**) 　金融商品会計に関する実務指針133，法基通8－1－5・8－2－3

DETAIL

1　建設協力金

　建設協力金とは，建物の建設にあたって賃借予定者から建設者である土地等の所有者に建設資金として支払われる金銭です。通常は，店舗等の業務用の建物の賃借において，契約時や契約予約時に，賃借人が賃貸人に預託します。一定期間据え置き後に一定期間にわたって返還されるケース，契約期間内に月々

の賃料の一部として全額償却されるケース，金利を付されて返還されるケースなど，返還方法はさまざまです。

（1）　会計制度上の処理

原則として（重要性がない場合等を除き）将来返還される建設協力金の返還期日までのキャッシュ・フローを割り引いた現在価値と支払額との差額を，長期前払家賃として計上し，契約期間にわたって各期の損益として合理的に配分します。また，返還期日に返還される建設協力金は，その現在価値と返還額との差額を契約期間にわたって配分し，受取利息として計上します。返還されないことが明示されている金額については，賃借期間にわたって定額法で償却します（金融商品会計に関する実務指針133）。

（2）　法人税上の処理

建物を賃借するために支出する権利金・立退料その他の費用は，繰延資産として計上します（法基通8-1-5）。建物の新築に際し，その所有者に対して支払った返還されない権利金等で，賃借部分の建設費の大部分に相当し，かつ，実際にその建物の存続期間の間に賃借できる状況にあるものについては，その建物の耐用年数の70％相当年数で償却します（法基通8-2-3）。

返還される金額は預託金として資産計上します。消費税は，返還されない部分の金額については課税仕入れとされます。

2　敷　　金

敷金とは，不動産の賃貸借契約時に賃借人から賃貸人に対する保証として支払われる金銭です。通常は，賃貸借契約完了時（明渡し時）に返還されますが，返還時に，テナントが負担すべき修理費等を差し引かれる場合もあります。

また，契約完了時に敷金のうち返還しない金額を，契約時において明記している場合（敷引き）もあります。

（1）　会計制度上の処理

　敷金は取得価額で計上します。敷引き部分がある場合には，長期前払費用として計上し，契約期間にわたって配分して費用計上します。

（2）　法人税上の処理

　敷引き額については，法人税上の繰延資産に該当します。

①　明渡し時に借家権として転売できるものであれば，賃借建物の賃借後の見積残存耐用年数の70％相当の年数で償却します。

②　建設協力金や上記①に該当しない場合は，5年間（更新時に再度権利金等を支払う場合で賃借期間が5年未満であればその賃借期間）で償却します（法基通8‐2‐3）。

　消費税は，返還されない金額は課税仕入れとされます。

　なお，賃貸人側の処理としては，返還しなくてよい金額については契約時の益金に算入する必要があります（法基通2‐1‐41）。

　ちなみに，仲介手数料については契約時の損金に算入します。

Q65　権利金の償却

当社はＢ社と合併（税制適格）しました。Ｂ社は業績不振で，本社ビルの賃借に係る権利金（返還されないもの）の償却費を計上していませんでした。合併とともにＢ社の本社ビルは解約して引き払っていますが，本権利金の残額は，一時の損金に計上できますか。

A ··

SUMMARY　一時の損金に計上できます。

Reference　法令65・66の２，法基通 8 - 3 - 6

DETAIL

1　償却不足による未償却残高

過年度における償却不足により未償却残高があるときは，減価償却と同様，過年度分を一時に損金算入することはできません。あたかも償却できる期間が延長されたかのように各事業年度において損金経理により償却費を計上することで，その事業年度における償却限度額まで損金算入することとなります（法令65）。

ただし，契約解除がなされた場合には，その後に効果の及ぶ期間がないことから，その契約解除時点で全額損金算入することができます（法基通 8 - 3 - 6 ）。

2　合併による引継ぎ

（1）　税制適格合併

税制適格合併により受入処理する場合は，法人税上の帳簿価額をそのまま引き継ぎます。その合併の直前に被合併法人が計上していた帳簿価額より低い価

額で受入処理した場合は，その差額は損金経理したものとみなされます（法法32⑦，法令66の2一）。

（2） 税制非適格

　税制非適格合併により受入処理する場合は，資本関係100％グループ法人間の合併等の場合を除き，時価で引き継ぎますが（**Q27**参照），その合併の直前に被合併法人が計上していた帳簿価額よりその引き継いだ時価が低い場合は，その差額は損金経理したものとみなされます（法令66の2二）。

3　本問の場合

　合併により0円で引継処理すれば，全額を損金経理したものとみなされます。解約した場合には残高まで全額償却できますから，本問においては一時に損金算入することができます。

Q66　他人への資本的支出

当社は金属加工業を経営しています。近隣のマンションや住宅から，当社の工場の騒音が問題とされ，裁判となっていました。このたび和解し，マンションの一部の部屋を二重サッシとする工事費用を負担するとともに，住宅地一帯と工場との間に設置する防音壁の工事費用を負担することとなりました。

この場合の費用は，法人税上一時の損金として処理できますか。

A ⋯⋯⋯⋯⋯⋯⋯⋯⋯⋯⋯⋯⋯⋯⋯⋯⋯⋯⋯⋯⋯⋯⋯⋯⋯⋯⋯⋯⋯

SUMMARY　マンションの二重サッシ費用は，工事の発注者として直接負担する場合は繰延資産（1戸当たり20万円未満であれば一時の損金算入が可能）に該当し，費用相当である一定額を損害賠償として支払う場合（和解相手の責任において工事を発注する場合）は損害賠償金として一時の損金に計上します。

防音壁については，貴社の所有物であれば構築物として償却資産計上し，住民の所有物となるのであれば繰延資産として計上します。

Reference　法令14①，消法30，法基通 5 - 2 - 2・5 - 2 - 5

DETAIL ▷

1　支出額の法人税上の性格

損害賠償金・補償金等として支払われる場合，その費用が事実上何を目的としているかにより，法人税上の取扱いが変わります。

地域内の軋轢を避けるため等の一種の円滑油的な支出をする場合等で，例えば，大型店進出にあたり地元の小規模商店に営業補償金を支払うような，自由競争下で支払う必要がない費用等は，交際費と考えられます。

係争事件等により支払が確定（和解を含みます）した場合や，過去の判例等に準ずるような，明らかに被害を生じさせている場合等で，例えば日照妨害・

電波障害・騒音障害などのために支払われる費用は，損害賠償金に該当すると考えられます。

　ただし，他人の資産の資本的支出に該当する費用を負担する場合は，自己が便益を受けるために支出する費用として，一時の損金ではなく繰延資産に該当すると考えられます（法令14①六ホ）。

2　償却期間

　繰延資産としての二重サッシ費用は，建物を構成する部分であることから，サッシ工事の対象となる建物の耐用年数の70％相当額で償却します。

　繰延資産としての防音壁の償却期間は，防音壁の耐用年数の70％相当期間で償却します。

3　消費税

　損害賠償金については，実質的に資産の譲渡に該当するケース（無体財産権の侵害を受けた場合の権利者が受領する賠償金，事務所の明け渡しが遅れた場合に賃貸人が収受する賠償金など）を除き，原則として，心身又は資産に加えられた損害の発生に起因して受けるものは通常は消費税の課税対象にはなりません（消基通5-2-5）。

　本問においては，二重サッシ費用や防音壁工事は，心身又は資産に対して加えた損害に対する賠償と考えられることから，和解相手に金銭を支払って和解相手が工事代を支払う場合は，不課税取引となります。

　ただし，貴社が工事を発注し工事代を支払う場合（工事の請求書等が貴社宛で仕入税額控除の条件である帳簿保存等をしている必要があります）は，消費税はその原因を問わないため，課税取引となります（消基通5-2-2，消法30⑦〜⑩）。この課税仕入れは，個別対応方式を適用する場合，課税資産の譲渡等とその他の資産の譲渡等に共通して要するものとなります（消基通11-2-16）。

Q67　広告宣伝車両

　当社は，市民マラソンのスポンサー企業です。2年前，アマチュア選手チームに，チーム名及び当社の社名・ロゴの入った軽自動車を贈呈しました。ところが，事故により，当該車両は廃棄処分となってしまいました。保険はアマチュア選手チームに下りることになりましたが，当社の繰延資産の残額は，一時の損金として計上できますか。

A ....

SUMMARY　　一時の損金として計上することができます。

Reference　法令14①六ニ，法基通8-3-6

DETAIL

1　広告宣伝用資産

　製品等の広告宣伝用資産を贈与したことにより生じる費用で，その効果が1年以上に及ぶものは，法人税上の繰延資産に該当します（法令14①六ニ）。例えば，広告宣伝用の看板，ネオンサイン，緞帳，陳列棚，自動車，展示用モデルハウスで見本としての性格をあわせもつものなどがこれに該当します（法基通8-1-8）。

　単なる自動車の贈与であれば交際費や寄附金になりますが，社名やロゴ等が車両に塗装等されているのであれば，広告宣伝用資産として法人税上繰延資産に計上することができます。

2　償却期間

　その資産の耐用年数の70%で，最長5年間で償却します（法基通8-2-3）。軽自動車であれば耐用年数は4年であるため，2年間（4年×0.7＝2.8年。1

年未満切捨て）で償却します。

3　滅失した場合

　繰延資産の対象資産や契約について，滅失・解約等があった場合には，その滅失等があった日の属する事業年度において，未償却残高を損金算入します（法基通8-3-6）。

関連解説

受贈を受けた側の法人税における処理

　資産を無償又は低額で取得した場合，原則として受贈益を計上します。

　ただし，広告宣伝用資産を無償又は低額で取得した場合は，取得価額の3分の2（取得のために支出した金額がある場合はその額を控除した額）が30万円以下（2以上の資産を取得した場合は合計額）のときは，受贈益を計上する必要はありません。また，専ら広告宣伝を目的とした資産（看板・ネオンサイン・緞帳など）は，いくらであっても受贈益を計上する必要はありません（法基通4-2-1）。

　本問においては，受贈側がアマチュアチームであるため，おそらく事業目的の活動でないことから，受贈益課税を受けることはないと考えられます。

Ⅳ　特殊なケース

Q68　営業権ではない可能性がある権利

　駅前ビルで喫茶店を経営している会社から，テナントとしての権利及び設備一式を買わないかともちかけられています。従業員は引継ぎしません。ビルの所有者はテナントの変更を了承しているとのことで，あとは負担額の交渉次第です。

　当社はそこで居酒屋を経営する予定であるため，設備の一部はそのまま利用できますが，利用しない設備の廃棄コストは当社が負担することとなります。

　また，賃借契約は残り3年間ですが，保証金もそのまま引き継ぐ予定です。これらの経費は，法人税上の営業権として処理できますか。

A ･･･

SUMMARY　法人税上，固定資産以外のコストは，資産を賃借するための権利（繰延資産）と考えられます。

DETAIL

1　営業権か否かの判断

　同業店であっても内装の変更やメニュー等が異なれば，場所は引き継いでも顧客層は引き継げないと考えられます。ましてや，喫茶店と居酒屋とでは，客層や営業時間帯が異なることから，いままでの顧客層（取引関係）を引き継ぐことはないと考えられます。したがって，契約の実態は，設備の売買及び店舗の賃貸借契約の引継ぎであり営業権の売買ではないと考えられます。

234

裁決例

（昭和55年3月31日裁決要旨）

　営業権とはその企業の長年にわたる伝統と社会的信用，立地条件，特殊の製造技術及び特殊の取引関係の存在並びに，それらの独占性等企業がこれを持つことにより，同種の事業を営む他の企業の稼得している通常の収益（いわゆる平均的収益）より大きな収益，つまり，超過収益を稼得できる無形の財産的価値を有している相対的な事実関係を指称するものと解されるところ，特殊飲食物販売業を営む請求人が喫茶店，ラーメン店等を営む前賃借人から店舗及びその造作備品等の譲受けに際して支払った対価について，[1] 前賃借人が営んでいた事業に係る客層と請求人が前賃借人から譲り受けた各店舗において営むことを予定していた事業に係る客層とは，同一であるとはいえないことから，前賃借人の有していた取引関係が請求人にとって超過収益力を稼得できる無形の財産的価値を有しているものとは認められないこと，[2] 請求人と前賃借人との間においてされた当該対価の支払に係る契約は，店舗賃貸借契約の付随的契約と認められることから，当該対価の額は，営業権の取得価額に算入することなく，法人税法施行令第14条第1項第9号ロに規定する繰延資産の対価であると認定するのが相当である。

2　法人税上の資産

　本問の支払対価は，3つに区分されると考えられます。

（1）　利用する設備の購入価額（固定資産）

　当事者間の決めごとではありますが，通常，中古で取得する場合の取得費及び設置するための費用の合計額を見積もって交渉することとなると思われます。

　それにより確定した合理的な価額を設備の取得価額とし，中古の耐用年数で減価償却していくこととなります。

（2）　保証金の引継ぎ（繰延資産）

　引き継いだ賃貸借契約の内容によりますが，保証金のうち一部又は全額が返

還されず，契約更新時に再度保証金等を支払うこととなっている場合は，その返還されない額を残りの賃借期間で償却することとなります。

（3）　設備の廃棄費用（繰延資産）

　利用しない設備の廃棄は，テナントとしての権利等の引継ぎにおいて初めから予定されており，建物を賃借するための支払と考えられることから，上記（2）と同じ取扱いとなります。

裁決例

（平成7年7月7日裁決要旨）
　前賃借人に支払った造作及び備品の買取費用は，［1］本件貸室は，引渡しを受けた日の翌日から本件造作等の取壊し又は廃棄及び新店舗の改修工事が始まり，請求人が本件造作等を利用した事実はないこと，［2］前賃借人の営業していた麻雀店と，請求人が新店舗にて営業しようとしていたバーとでは業種が全く異なること等から，前賃借人が営業していた麻雀店舗としての本件造作等の利用価値に着目して支出したものではなく，既存の本件造作等を取壊し又は廃棄して，新たな内部造作を施してバーを営業できるという価値に着目しての支出と認められ，実質的には建物の賃借に際して支払う権利金とその性質を異にするものではなく，繰延資産に該当する。

Q69 ドメインの資産区分

> 当社は商号変更する予定であり，それに伴いホームページのドメイン
> も変更する予定です。しかし，利用したいドメイン名が既にB社で利用さ
> れていることから，B社からの買取りを交渉中です。
>
> その買取価額が100万円前後になる可能性があるため，資産計上する
> 必要があると思われますが，無形固定資産か法人税上の繰延資産のいずれ
> に該当するのでしょうか。また，この場合の耐用年数は何年になりますか。

A ···

SUMMARY 法人税上は支出の効果が1年以上に及ぶものであれば繰延資産に該
当すると考えられています。この場合，償却期間は5年が妥当といわれています。
ただし，ドメイン自体の権利は1年間のみ有効で更新手続をしなければ失効するこ
とから一時の損金とも考えられています。

なお，登録・更新手数料を複数年分一括して支払っている場合は期間按分して損
金処理します。

DETAIL

1 ドメインとはどのような権利か

インターネット上でコンピューターがお互いを識別するための住所のような
ものがIPアドレスですが，IPアドレスは数字の羅列で成り立っていることか
ら，わかりやすいように別名として付しているのがドメインです。通常は英語
のアルファベット・数字・記号の組み合わせからなっており，重複しないよう
に管理されています。日本語でもドメインは登録できます。

ドメインの取得は先着順になっていることから，先に取得されていれば後か
ら申請しても取得できません。

2　資産としての価値

　過去，ドメインの使用に関する係争事件において，ドメインにつき商標権と同様の価値を認める判決が多く出ています（東京地裁平成12年（ワ）第3545号など）。

　ドメインについては不正競争防止法においても，不正な利益を得る目的又は他人に損害を加える目的で同一又は類似のドメイン名を取得・保有・使用する行為については，不正競争に該当するとしています（不正競争防止法 2 ①十二）。

3　法人税上の取扱い

　事業におけるソフト等の権利等が細分化・明確化され価値を生むようになっていますが，税務では明確な規定がありません。

　現在，会計制度上は IFRS の影響もあり，企業結合会計等において，無形資産を定義づけし，分離計上する前提で改正等がなされています。

　しかし，法人税上はドメインを商標権とみなす規定や取扱いがなく，無形固定資産として限定列挙されているもの以外は，繰延資産で処理せざるをえないのが現状です。

　償却期間についても同様に取扱いは不明確です。商標権と同じような権利であると認識するのであれば10年間となりますが，5 年間程度で償却しているケースも多くみられます。

　一方，ドメイン自体の権利期間は 1 年間であり，継続使用するためには，毎年更新手続を必要とします。繰延資産は，支出の効果が 1 年以上に及ぶものであるため，ドメイン自体の取得費用は，金額の多寡にかかわらず，一時の損金に計上できるのではないか，とも考えられています。

Q70 保 証 料

当社は，信用保証協会の保証付きで，銀行から3,000万円の長期の融資を受けました。繰上返済時には保証料の一部返還があります。保証料は返済期間に応じて損金処理する予定です。ただし，返済額に応じた償却方法もあると聞きました。どのように計算すればよいですか。

A ···

SUMMARY その時点（期末時など）において借入金を完済したものとした場合における保証料の返還予定額が前払費用となるように，費用を計上します。

(Reference) 法令14②

DETAIL

1 繰延資産と前払費用

繰延資産も前払費用も，一時の損金ではなく効果の及ぶ期間で損金処理していく費用です。また，法人税上の繰延資産を会計上表示する場合は「繰延資産」が使えないため，長期前払費用として計上するのが一般的であることから，両者は非常に類似しています。

ただし，繰延資産は支出の効果が支出後１年以上に及ぶもので，すでに役務の提供を受けていて，資産として認識され償却されるものであるのに対し，前払費用とは，一定の契約に基づき継続的に役務提供を受けるために支出する費用で期末日現在にまだ役務提供を受けていない部分をいいます（法令14②）。したがって，これから役務提供を受ける要因がある場合には，その部分は前払費用となります。

保証料につき，繰上返済した場合に一部返還されるものは，役務提供を受けたもの（返済済の部分）とこれから役務提供を受ける予定のもの（未返済の部分）からなるものとして，未返済の部分は（長期）前払費用として計上します。

　繰上返済しても返還されない保証料については，借入するために必要な役務提供を受けたものとして，繰延資産として計上します。

2　前払費用の損金処理

　前払費用に計上された額のうち，役務提供を受けた部分とまだ受けていない部分に按分し，役務提供を受けた部分に係る額について費用計上・損金処理します。本問のような保証料については，原則として返済額に応じて費用処理します。その時点（期末時など）において完済するとした場合の保証料の返還額を（長期）前払費用として計上し，それ以外の金額を費用計上・損金処理します。ただし，重要性の原則からみて，また，課税上の弊害がない限り，返済期間で按分することもできます。

3　計算例

（1）　保証の条件等

①　保証金額（借入額）：3,000万円

②　保証期間：5年

③　分割係数：0.55

④　保証料率：1.00%

⑤　返済方法：元金均等分割返済　据置期間1年間

⑥　保証料の額

- 据置期間：保証金額 $\times \dfrac{\text{据置期間}}{12} \times$ 保証料率

　3,000万円 $\times$ 12／12 $\times$ 1.00％＝30万円

- 分割返済期間：

　保証金額 $\times$ 分割返済回数別係数 $\times \dfrac{\text{保証期間} - \text{据置期間}}{12} \times$ 保証料率

　3,000万円 $\times$ 0.55 $\times$（60 − 12）／12 $\times$ 1.00％＝66万円

- 保証料総額（借入時の支払額）　96万円
⑦　返済対象期間：完済日の翌日以降の未経過期間
⑧　返済額：借入日から1年ごとに区分し，
- 完済日の属する期間の未経過期間分はその期間に対応する信用保証料の90％
- それ以降の未経過期間分はその期間に対応する信用保証料の額

（2）　借入れから6ヵ月後に完済するとした場合の保証料の返還額

3,000万円×6／12×1.00％×90％＝135,000円

3,000万円×0.55×（60－12）／12×1.00％＝660,000円

合計　795,000円

（3）　借入れから3年後に完済するとした場合の保証料の返還額

3,000万円×0.55×（60－12－24）／12×1.00％＝330,000円

4　繰上返済しても保証料が返還されない場合

　法人税上，繰延資産と認識しても，会計制度上の繰延資産ではないため，会計処理上は，（長期）前払費用として計上することになります。この場合，支出の効果が及ぶ期間とは返済期限までの期間であることから，この期間に応じて償却します。

Q71 エージェントフィー

> 当社は，新工場建設資金として，シンジケートローンを組みました。
> その際，主要銀行にアレンジメントフィーを支払い，また，毎年エージェ
> ントフィーを支払う契約を締結しました。
> これらの費用は一時の損金に計上できますか。

A ....

SUMMARY アレンジメントフィーは一時の損金として，エージェントフィーは
借入期間に対応して損金処理すると考えられます。

Reference　法法 2 二十四，法基通 2 - 2 - 14

DETAIL

1　融資に伴う銀行への手数料

シンジケートローン（協調融資団）を組むにあたって，アレンジャー（幹事
金融機関）は参加する金融機関の募集・融資条件の設定・契約書作成などのシ
ンジケート組成等業務を行います。これに係る手数料をアレンジメントフィー
として，融資実行の際，借入者が支払います。

融資実行後は，エージェント（通常はアレンジャーが就任）が融資期間中の
元利金受渡しや事務管理等の事務代行を行います。これに係る手数料をエー
ジェントフィーとして，融資期間中，借入者が支払います。

2　組成に関する手数料

案件組成のためのアレンジメントフィーは，一時の損金として処理されるも
のと考えられます。これは，案件組成に関する役務提供であり，融資実行時に
おいて役務提供が完了しているためです。

なお，アレンジメントフィーについては，繰延資産の定義である，支出の効果が支出の日以後１年以上に及ぶもの（法法２二十四）に該当する可能性もあるとの考え方もあります。ただし，繰延資産の性格である資産性（無形固定資産としての資産性も含みます）がないと考えられるため，実務では一時の損金処理とするのが一般的です。

3　融資等実行後の手数料

事務代行手数料・支払代理人手数料等のエージェントフィーについては，融資期間中の役務提供料であることから，役務提供を受けるごとにその役務提供に係る費用部分を費用計上することとなります。

役務提供をまだ受けていない部分に対応する支出額は（長期）前払費用となりますが，エージェントフィーを毎期ごとに支払う場合は支払のつど，短期前払費用分も含めて損金処理できます（法基通２-２-14）。

関連解説

私募債

（1）　全額引受けの場合のエージェントフィー

銀行が融資する際，シンジケートローンのほか，私募債の全額引受けという形式をとることがあります。この場合，各種名目の手数料（事務代行手数料，支払代理人手数料，発行代理人手数料，総額引受手数料，新規記録手数料など）を借入れに際して支払うこととなります。

（2）　償　却

私募債発行時の総額引受手数料・新規記録手数料・発行代理人手数料等については，私募債発行時の手数料であり，繰延資産の社債等発行費に該当することから，随時償却（任意償却）できます。

（3） 処理方法

　金融機関が私募債の全額を引き受ける場合，その経済的効果は事実上融資と変わらないことから，このようなケースの事務代行手数料等については，その処理をめぐって各種の解釈がなされています。役務提供のための費用とはいうものの金融機関が自己のために処理する費用であることから社債発行費と事実上同じであるとの解釈，実態は支払利息ではないかという解釈，経済的効果が融資と同様であっても法的な性格はあくまで社債であるから手数料であるとの解釈，消費税が課されているため役務提供であるとの解釈，等々です。

　現時点（令和4年1月現在）では，これらの費用に関する係争等は表面化されていませんが，今後の動向次第で処理方法が明確化される可能性があります。

Q72　臨時巨額の損失

当社は巨大地震により甚大な損害を被り，存亡の危機に立たされています。決算書に損失額を計上すれば債務超過となるため，金融機関からの融資も非常に困難になると予想されます。このような臨時巨額の損失について，会計上繰延資産に計上することができると聞きました。仮にこれが認められた場合，法人税上の処理はどのようになりますか。

A ···

SUMMARY　一般に公正妥当と認められる会計処理に従うこととなります。

Reference　法法22③④

DETAIL

1　企業会計原則の注解

臨時巨額の損失を会計制度上繰延資産として計上できる根拠は，企業会計原則・注解15なお書きにあります。

「なお，天災等により固定資産又は企業の営業活動に必須の手段たる資産の上に生じた損失が，その期の純利益又は当期未処分利益から当期の処分予定額を控除した金額をもって負担しえない程度に巨額であって特に法令をもって認められた場合には，これを経過的に貸借対照表の資産の部に記載して繰延経理することができる。」

すなわち，会計制度上このような臨時巨額損失を繰延資産計上できるためには，天災等が理由であっても，特に法令で認められる必要があります。

2　水産庁の省令

平成23年5月31日付で水産庁より，東北地方太平洋沖地震による漁協の損失

が甚大であることから，農林水産大臣の承認を受けた損失を繰延資産に属させる省令が出されました。

● **東日本大震災に対処するための水産業協同組合の貸借対照表及び会計帳簿に計上する繰延資産の特例に関する省令（平成23年5月31日農林水産省令第34号）**

　水産業協同組合法（昭和23年法律第242号）第40条第1項及び第2項の規定並びに第54条の6第1項の規定（これらの規定を同法第86条第2項，第92条第3項，第96条第3項，第100条第3項及び第100条の8第3項において準用する場合を含む。）に基づき，東日本大震災に対処するための水産業協同組合の貸借対照表及び会計帳簿に計上する繰延資産の特例に関する省令を次のように定める。
（貸借対照表に計上する繰延資産の特例）
第1条　東日本大震災により浸水，流失，滅失，損壊その他これらに準ずる損害を受けた事業用資産に係る損失が多額であってその全額を平成23年3月11日が属する事業年度（以下「特定事業年度」という。）において負担することが困難な水産業協同組合法第2条に規定する水産業協同組合（次条において「特定水産業協同組合」という。）が同法第40条第1項及び第2項（これらの規定を同法第86条第2項，第92条第3項，第96条第3項，第100条第3項及び第100条の8第3項において準用する場合を含む。）の規定により作成すべき貸借対照表については，水産業協同組合法施行規則（平成20年農林水産省令第10号。以下「規則」という。）第110条第3項第5号に掲げる資産のほか，その損失の全部又は一部について行政庁（規則第1条第13号に規定する行政庁をいう。）の承認を受けたもの（次条において「特定震災損失」という。）を，同項第5号に定める繰延資産に属させることができる。
（会計帳簿に計上する繰延資産の特例）
第2条　特定水産業協同組合は，規則第192条各号に掲げるもののほか，前条の規定により繰延資産に属させた特定震災損失の額を，規則第192条の繰延資産として計上することができる。この場合においては，当該繰延資産を計上した特定事業年度の終了の日から10年以内に，毎事業年度の末日において均等額以上の償却をしなければならない。

　　　附　則
この省令は，公布の日から施行する。

3　会計士協会の意見

　上記2の水産庁の省令案に対し，日本公認会計士協会は，平成23年5月に以下の意見を出しています。

「東北地方太平洋沖地震に対処するための貸借対照表及び会計帳簿に計上する繰延資産の特例に関する省令案」に対する意見

平成23年5月27日
日本公認会計士協会

　このたび公表されました「東北地方太平洋沖地震に対処するための貸借対照表及び会計帳簿に計上する繰延資産の特例に関する省令案」に対する当協会としての意見を以下のとおり申し上げます。
　（意見）
　　災害による損失の10年間繰延措置の規定化に当たっては，慎重な検討が必要である。
　（理由）
　　「2　改正の概要」では，「繰延資産に災害損失を追加【第110条関係，第192条関係】」としてその(3)において「今般の災害の甚大さに鑑み，水協法規則第110条第3項第5号の特例として，農林水産大臣の承認を受けた損失を繰延資産に属させることができる旨規定し，第192条の特例として当該損失について，支出の日以後10年以内に償還させる旨規定することとする。」としている。この根拠としては，その(2)において企業会計原則注解【注15】としている。
　　しかしながら，現在の会計基準における考え方の流れとしては，発生した損失はその期に認識するのが原則であり，同注解【注15】を踏まえつつも，損失の繰延処理を安易に容認する環境にはないと考えられる。

以上

4　会計制度上の処理

　本件は，特に法令をもって認められた場合に該当します。しかし，注解にあるように，あくまでも「できる規定」です。また，上記3の日本公認会計士協

会の意見によれば，企業会計原則注解は最終改正が昭和57年4月であり，現在の会計基準における考え方の流れとして，発生した損失はその期に認識するのが原則であることから，会計監査を受ける企業等では繰延べが認められることは非常に困難であると考えられます。

5　法人税上の処理

　法人税上は，臨時巨額の損失に関する特例はないため，原則どおり，「当該事業年度の損失の額で資本等取引以外の取引に係るもの」は「当該事業年度の損金の額に算入すべき金額」となります（法法22③）。当該事業年度の損金の額に算入すべき金額とは，「一般に公正妥当と認められる会計処理の基準に従って計算されるものとする」（法法22④）とあるため，会計制度上の処理に従うこととなります。

　一般に公正妥当と認められる会計処理には，通常は企業会計原則も含まれますが，日本公認会計士協会の意見が別に出されている場合は，その意見が公正妥当と認められると考えられます。したがって，特に法令をもって認められたとしても，日本公認会計士協会が臨時巨額の損失を発生時の損失として計上するとの意見を出していて，会計処理上損失計上していれば，法人税上も発生時の損金に計上することとなります。

Q73 加盟金

当社は，焼き肉チェーンＢグループに加盟するため，加盟金を支払いました。この費用は法人税上どのように処理すべきでしょうか。

A ･･･

SUMMARY　返還されない金額は繰延資産として計上し，原則として５年間で償却します。消費税では課税仕入れとして処理します。

Reference　法令14①六，法基通８－１－６・８－２－３，消法２①十二・30①一，消基通11－３－４

DETAIL

1　加盟金の内容

フランチャイズに加盟する場合，加盟金等（ノウハウ料，経営指導料，管理業務費など）を通常，一時に支払います。このうち，返還されることが確定している部分については預託金として資産計上しますが，返還されないことが確定している部分は，使用料の前払費用分を除き，繰延資産となります（法令14①六，法基通８－１－６）。すなわち，フランチャイズに加盟することによりフランチャイザーから役務の提供を受けるため，そのための権利金等と考えられるからです。

2　償却期間

原則として５年間で償却しますが，その契約による有効期間が５年未満で，契約更新に際して再度加盟金等を支払うこととなる場合は，その有効期間で償却します（法基通８－２－３）。

3　消費税

　消費税上は課税仕入れに該当します。仕入れに係る消費税額は，その課税仕入れを行った日の属する課税期間に控除されます。したがって，加盟金の効力発生時で消費税を認識します（消法2①十二・30①一，消基通11-3-4）。

Q74 クロスライセンス

当社はＡ製品に関する応用特許の特許権を所有しています。当社とＢ社とは，当社の持つ応用特許とＢ社の持つ基本特許につきクロスライセンス契約を交わし，相互に製品製造しています。クロスライセンスなので使用料の授受はありませんが，税務上，何か問題はありますか。

A ･･･

SUMMARY 消費税上は受領すべき使用料を課税売上げ，支払うべき使用料を課税仕入れとして処理する必要があります。Ｂ社が外国法人である場合，源泉税を徴収する必要があるケースもあります。

Reference 消法28①・7・4，消令45②四，消基通10-1-8，所法161①十一・212，所基通181〜223共-1

DETAIL

1 消費税

（1） 総額主義

消費税は総額主義といわれます。すなわち，交換等により相殺された取引については，純額ではなく総額で取引を認識することとして課税が行われます（消法28①）。したがって，クロスライセンス契約により金銭の授受が行われない場合や差額のみを授受した場合においても，相互に認識しているライセンス料の総額を課税売上げ及び課税仕入れとして処理することとなります（消令45②四，消基通10-1-8）。

（2） 海外取引

外国法人とクロスライセンスする場合におけるライセンス収入については，

輸出免税の規定があるため，一定の届出等により，課税売上げにつき免除とされます（消法 7）。したがって，この免税とされたライセンス収入に係る課税仕入れは仕入税額控除の対象となります。

　一方，ライセンス料を支払う場合は，国内において役務提供を受けている場合には消費税が課されるため課税仕入れとなり，仕入税額控除の対象とされますが，外国でライセンスを利用している場合（例えば海外の工場で製造・販売している場合）は役務提供が国内で行われないことから不課税取引となるため，仕入税額控除の対象にはなりません（消法 4）。

2　源泉税

　原則として国内で使用するライセンス料を外国法人に支払う場合は源泉徴収義務があります（所法161①十一・212）。

　ただし，相手国との租税条約により一定の届出を条件に，源泉税が免除されることもあります。

　なお，クロスライセンスにより相殺された使用料について，相殺部分についてライセンス料の適正な評価が困難であるという理由で，源泉税を徴収していないケースが多くみられますが，相殺は支払行為であることから，原則として源泉徴収義務があります（所基通181〜223共 - 1）。

著者紹介

稲岡　巧（第1章・第2章担当）

税理士

1997年大学を卒業後，中堅会計事務所に就職。2000年税理士法人トーマツに転職し，上場企業向けに組織再編税務・国際税務・監査支援業務などに従事。2001年税理士登録。2006年日立グループに転職し，関係会社に対する税務相談・税務調査対応・連結納税導入業務などに従事。2009年OAG税理士法人入社。営業企画室室長としてセミナー活動や執筆活動などに従事。またTACにてFACC講座などの実務講座を担当し人材育成にも注力。

平田　実（第1章・第2章担当）

2015年税理士登録。事業会社・会計事務所経験を経て，2007年OAG税理士法人に入社。個人・中小企業から上場企業まで，幅広い分野の税務を担当する。特に，連結納税については，連結納税導入支援プロジェクトに，チームリーダーとして参画。多数のグループ企業に対して，税務・会計面での導入コンサルティングを行う。

清水　かおり（第3章・第4章・第5章担当）

1987年税理士登録。2000年太田・細川会計事務所（現OAG税理士法人）入社。コンサルティング会社・監査法人・会計事務所等及び現法人において税務リスクマネジメント，不正調査，内部監査，会計監査補助，内部管理体制整備，M＆A等財務・税務デューデリジェンス，事業承継対策，資本政策，上場支援に従事。

【著書】『新しい税務戦略を実行していますか』（共著，中経出版），『税務コンプライアンスと企業経営』（共著，ぎょうせい），『事業承継の相談事例と実務の最適解』（共著，日本法令）

【編者紹介】

OAG 税理士法人

＜東京事務所＞

〒102-0076　東京都千代田区五番町6番地2　ホーマットホライゾン6階
TEL：03-3237-7500　FAX：03-3237-7510
https://www.oag-tax.co.jp/
税理士・公認会計士を中心とした高い専門性を有する多くのスペシャリスト
で構成されている。特定の専門分野ごとにチームを作り，各チームに蓄積さ
れたスキルやノウハウを最大限に引き出すことで，共同してお客様のご要望
に合わせたプロジェクトを組み，最善の方法を提供している。

法人税の最新実務Q&Aシリーズ

のれん・ソフトウェア・研究開発費（第2版）

2012年1月20日　第1版第1刷発行	
2018年9月10日　改訂改題第1版第1刷発行	
2022年7月15日　改訂改題第2版第1刷発行	

編　者	OAG税理士法人
発行者	山　本　　　継
発行所	㈱中央経済社
発売元	㈱中央経済グループ パブリッシング

〒101-0051　東京都千代田区神田神保町1-31-2
電話　03（3293）3371（編集代表）
　　　03（3293）3381（営業代表）
https://www.chuokeizai.co.jp

ⓒ2022
Printed in Japan

印刷／東光整版印刷㈱
製本／㈲井上製本所

＊頁の「欠落」や「順序違い」などがありましたらお取り替えい
たしますので発売元までご送付ください。（送料小社負担）
ISBN978-4-502-43471-6　C3034